跨学科课程丛书　　杨四耕　主编

社会参与素养的
培育模型与干预机制

胡　杰◎著

华东师范大学出版社

图书在版编目（CIP）数据

社会参与素养的培育模型与干预机制/胡杰著.—
上海：华东师范大学出版社，2020
（跨学科课程丛书）
ISBN 978 - 7 - 5760 - 0211 - 9

Ⅰ.①社… Ⅱ.①胡… Ⅲ.①社会实践−活动课程−
教学研究−高中 Ⅳ.① G632.429

中国版本图书馆 CIP 数据核字（2020）第 051004 号

跨学科课程丛书
社会参与素养的培育模型与干预机制

丛书主编　杨四耕
著　者　胡杰
责任编辑　刘佳
项目编辑　林青荻
责任校对　张筝
装帧设计　卢晓红

出版发行　华东师范大学出版社
社　址　上海市中山北路 3663 号　邮编 200062
网　址　www.ecnupress.com.cn
电　话　021 - 60821666　行政传真 021 - 62572105
客服电话　021 - 62865537　门市（邮购）电话 021 - 62869887
地　址　上海市中山北路 3663 号华东师范大学校内先锋路口
网　店　http://hdsdcbs.tmall.com/

印 刷 者　浙江临安曙光印务有限公司
开　本　787×1092　16 开
印　张　11.75
字　数　155 千字
版　次　2020 年 5 月第 1 版
印　次　2020 年 5 月第 1 次
书　号　ISBN 978 - 7 - 5760 - 0211 - 9
定　价　36.00 元

出 版 人　王焰

（如发现本版图书有印订质量问题，请寄回本社客服中心调换或电话 021 - 62865537 联系）

丛书总序

跨学科课程：学校课程变革的时代走向

课程即科目，课程即知识，这种观念在人们的心里根深蒂固。其实，自古以来，课程就是"无学科"的，只是后来才发生了分化。古代社会的课程是以综合为特征的，专门化程度很低，与严格意义上的分科课程根本不能相提并论。换言之，原始的课程其实是"跨学科"的，是以人们对自身和外部世界的初态认识为基础的，学科分化是近现代以来的教育杰作。今天的跨学科课程是课程发展过程的否定之否定，是对此时代复杂问题的一种教育回应。

什么是跨学科？20 世纪 70 年代，很多学者从不同视角对这个概念进行了界定。奥地利学者埃里克·詹奇(Erich Jantsch)将教育或创新组织看作一个自上而下的金字塔系统：目的层次、规范层次、实用层次、经验层次。詹奇认为，对于每一组相邻的层次而言，上一层次都赋予了下一层次目的性意义，而跨学科就是在相邻的高层次目的指导下，低层次中不同学科间的协调。通过多个层次目的的协调，最终得出适用于整个系统的共同目标，该共同目标可更好地协调整个系统以适应外界的变化。因此，跨学科的"跨界"属性是明显的，具有纵向协调和横向互动特征。

何谓跨学科课程？我们认为，跨学科课程是整合两种及以上学科的观念与方法，以解决真实问题为抓手，进而催生跨学科思维的一种课程范式。从"目的—手段"维度看，跨学科课程以获得跨学科思维为目的，以跨学科观念和方法为手段，以解决真实问题为中介。它既是一种以跨学科思维为取向的课程理念，又是一种综合探究性质的课程形态。

一、跨学科课程是以跨学科思维培育为取向的课程

跨学科思维是一种整合思维，它通过移植、共融、联动、互补的作用机制实现

学科整合,这些机制的本质就是跨学科思维,跨学科课程正是以这种整合思维实现对真实问题的解决。跨学科思维是高阶整合思维,具有跨学科的问题意识、边界识别意识以及领域互动意识等思维特征。

跨学科课程着眼于跨学科思维培育和整体性人格培养。英国哲学家怀特海(Whitehead, A. N.)说:"教育只有一个主题,那就是五彩缤纷的生活。但我们没有向学生展现生活这个独特的统一体,而是教他们代数、几何、科学、历史,却毫无结果;……以上这些能说代表了生活吗?充其量只能说,那不过是一个神在考虑创造世界时他脑海中飞快浏览的一个目录表,那时他还没有决定如何将它们合为一体。"怀特海的观点是令人深思的:学科是单向的,生活实施完整的;学科不代表生活,生活需要智慧。联合国教科文组织国际教育发展委员会在《学会生存——教育世界的今天和明天》中指出:"目前教育青年人的方式,对于青年人的训练,人们接收的大量信息——这一切都有助于人格的分裂。为了训练的目的,一个人的理智认识方面已经被分割得支离破碎,而其他的方面不是被遗忘,就是被忽视;不是被还原到一种胚胎状态,就是随它在无政府状态下发展。为了科学研究和专门化的需要,对许多青年人原来应该进行的充分而全面的培养被弄得残缺不全。为从事某种内容分得很细或者某种效率不高的工作而进行的训练,过高地估计了提高技术才能的重要性而损害了其他更有人性的品质。"因此,超越学科,走向生活,推进跨学科课程是学校课程变革的一个走向。

二、跨学科课程是以解决真实问题为抓手的课程

化静态为动态、化抽象为具体、化知识为智慧,跨学科课程首先表现为课程内容的这些改变。同时,运用跨学科观念,解决真实问题,发展学习者的跨学科理解力,跨学科课程本质上是学习场景与方式的变革。在这里,学习即探究、即行动、即跨界、即问题解决。作为学习方式,跨学科课程突破了行为主义学习理论将学习视为行为刺激与改变的观点,也突破了认知学习理论将学习视为信息加工、存储与提取的个体认知过程的见解。跨学科课程视学习为发生于具体情境中的社会关联实践,是具体的、鲜活的,是多维社会关联与交往互动的。跨学科课程是一

种解决真实问题的实践活动,具有实践性、情境性和社会性特征。

2015 年,联合国教科文组织通过的《教育 2030 行动框架》将社会情感学习提上全球教育政策议程:教育不仅仅要关注认知学习,更要关注儿童识别和管理情绪、关心他人、做出负责任决定、建立积极人际关系及巧妙应对挑战性情境等社会情感能力的培养。所谓社会情感能力,就是学生在处理与自我、与他人以及与社会的关系中敏锐觉察和妥善应对的能力,其中既关涉"知道如何"的问题,又关涉"实践如何"的问题,是"认知"和"行动"的有机统一。佐藤学说:学习是建构客观世界意义的"认知性实践",建构伙伴关系的"社会性实践",探索自我的"伦理性实践"。把学习视为一种实践,一种建构客观世界的意义实践、编织自我同他人关系的交往实践、探索自我价值的生命实践,这是跨学科课程丰富多彩的学习面貌。

三、跨学科课程是以跨学科观念和方法为手段的课程

世界的整体性、复杂性需要跨学科观念和方法,需要学科间的融合与渗透。法国学者博索特曾把跨学科方法分成三种类型:一是线性跨学科,即把一门学科的原理运用到另一门学科中的做法;二是结构性跨学科,即在两门或两门以上的学科结合中产生新的学科;三是约束性跨学科,即在一个具体目标要求的约束下,实现多学科的协调和合作。跨学科观念和方法是两门或两门以上学科之间相互作用的一种观念和方法。这种相互作用可能从简单的观点交流到在一个领域内组织概念、方法论、认识论、术语、数据、研究和教学组织之间的相互融合,包含不同学科门类之间、学科和生活之间、自然科学和社会科学之间的多种合作形式。从跨学科的作用机制看,跨学科观念和方法比较有利于解决复杂问题。如果说单一学科方法旨在解决单一领域内的问题的话,跨学科方法则旨在整合不同学科观念和方法用以解决综合性的真实问题。

依据学科之间的整合程度与行动特性,我们可以将跨学科课程分为三种实践形态。一是多学科课程。多学科课程是在保留学科界限的前提下,用多个学科的视角、观念和方法探究一个问题或主题,由此催生多学科理解的课程实践形态。多学科课程的特点是既保持学科原有的逻辑体系,又在学科之间建立联系。二是

融学科课程。融学科课程是将两种或两种以上学科融合起来,模糊学科界限以生成新的思维逻辑,在探究一个问题或主题中催生融学科理解的课程实践形态。如艺术课程融合了音乐、美术、戏剧、舞蹈等学科,就可以被视为融学科课程。三是超学科课程。超学科课程是跨越所有学科的界限,围绕共同主题展开探究性学习,在解决问题的过程中发展超学科理解力。如综合实践活动课程就属于超学科课程范畴。

当然,学科课程与跨学科课程是相对的,二者并不是对立的,而是相互嵌入、相得益彰的。只有当学习者充分理解了学科逻辑、具备了学科思维,才能在不同学科之间建立内在联系,进而创造性地解决复杂的真实问题,发展跨学科观念和能力。同时,任何一门学科课程,只有与真实的生活世界发生联系,在学科之间建立起了真正的联系,才能充分发展学习者的学科素养。

杨四耕

2020 年 4 月 8 日于上海市教育科学研究院

目录

第一章　高中生社会参与素养的研究现状　　　　　　1

　　　　社会参与素养是人们参与社会生活所具备的素养,是按照社会规则规范自己的言行,使自己的言行符合社会的基本要求,承担相应的社会责任,扮演好自己的社会角色的素养。社会参与素养包括责任担当和实践创新两个组成部分,责任担当主要是学生在处理与社会、国家、国际等关系方面所形成的情感态度、价值取向和行为方式,具体包括社会责任、国家认同、国际理解等基本要点。实践创新主要是学生在日常活动、问题解决、适应挑战等方面所形成的实践能力、创新意识和行为表现,具体包括劳动意识、问题解决、技术应用等基本要点。

　　从上海市高中生社会参与总的情况看,上海市高中生的社会参与素养较高,国家认同方面的分数远高于其他指标的均值,显示了良好的立德树人效果;社会参与素养的两个核心指标社会责任和实践创新方面,实践创新的分数高于社会责任的,这反映出上海学校教育对于实践活动的重视,这应与上海市综合素质评价中的社会实践要求有一定相关性;还发现了参与相关社团对于提升社会参与素养的积极作用。

　　我国高中对于学生社会参与素养培育的逻辑有三条线：认知、体验和行为。各高中都试图把这三条线有机地整合起来,构成各自社会参与培育的模式。从课程角度看,转变思政课教学理念以支撑社会参与素养的生成、充分挖掘教材资源以鼓励学生全方位的社会参与、挖掘教学内容的公共生活主题并合理转换教材语言是常见的三种形态。从社会实践形式看,主要包括参与社会调查研究、开展志愿服务活动和开展研学深度体验等形态。

　　模拟政协活动的开展对于提升高中生的社会参与素养有积极的推动作用。我们以中学生模拟政协活动为突破口,提出模拟政协活动促进学生社会参与素养提升的有效途径。从理论和实践角度探寻模拟政协活动与社会参与素养培育的契合度,研究模拟政协活动对于社会参与素养提升的相关性,挖掘模拟政协活动实施过程中,在高中学生社会参与素养提升方面有显著意义的活动形式或教育内容。

基于模拟政协活动的自运行模式,在社会参与方面探索归纳总结出社会话题的输入机制、模拟提案的形成机制、协商参与的交流机制、求同存异的判断机制等四个机制,这四个机制实现了学生模拟政协活动参与意识和参与能力的提升。自运行模式的建构和基于模拟政协活动的实践操作,提升了学生的社会参与素养。

序

　　2019年秋，上海市教委教研室在上海交通大学附属中学举行"聚精会神落实新教材，理直气壮开好思政课——统编思想政治教材专题教学研讨活动"，上海交通大学附属中学副校长、高级教师胡杰执教了一节市级公开展示课。我作为"马克思主义理论研究和建设工程"的首席专家和高校同行受邀参与观摩，并参加了市教委教研室的现场教研活动，就统编思想政治教材的编写及教学实施谈了自己的理解，深感中学思政课教师在增强思政课的思想性、理论性和亲和力、针对性方面所作的艰辛探索和取得的丰硕成果。

　　胡杰老师便是上海市中学思政课教师中的杰出代表。他二十余年坚持在高中思想政治课教学一线，持续探索高中思想政治课的教学和研究，以课题式综合实践课程为平台，指导学生运用思想政治课知识寻找并分析社会实际问题，提出解决问题的方法和建议，提升思想政治课的教学有效性。近年来，随着"中国学生发展核心素养"以及"思想政治课核心素养"的提出，胡杰老师进一步深入学习研究了相关的理论，并与他指导学生开展多年的模拟政协实践活动联系起来。在总结长期教学探索实践经验的基础上，他撰写了《社会参与素养的培育模型与干预机制》一书，请我写个序。看完书稿，欣然应允。

　　本书着重关注高中生社会参与素养培育的问题，较为系统地梳理了社会参与素养及其培育的相关理论，在深入调查研究的基础上，结合多年的工作实践，基于中学生模拟政协活动的开展，总结提炼了高中生社会参与素养的培育模型与干预机制，进而提出了一系列的提升高中生社会参与素养的路径和方法。出于专著的完整性要求，本书还对社会参与素养及其培育的理论作了必要的阐述。

　　社会参与素养的培育根植于实践，本书的所有素材均来自学生的社会实践和教师的一线指导。长期以来，思政课教学理论与实践脱节的问题一直存在，这也是制约思政课增强亲和力和针对性以提升育人效果的瓶颈之一。习近平总书记在学校思想政治理论课教师座谈会上指出："要坚持理论性和实践性相统一，用科学理论培养人,重视思政课的实践性,把思政小课堂同社会大课堂结合起来,教育引导学生立鸿鹄志,做奋斗者。"本书从高中生社会参与素养培育的角度,在思政课理论与实践相结合方面做了有益的探索,引导学生运用思政课知识,对社会问题进行调查和分析,提出解决问题的方法,这个过程既培养了学生关注社会的责任意识,又提升了学生运用思政课理论和其他综合性知识去分析解决社会实际问题的能力。

引导学生借助"模拟政协"平台投身社会参与活动,可进一步加深学生对中国特色社会主义政治制度的认知和认同。习近平总书记指出,"人民政协以宪法、政协章程和相关政策为依据,以中国共产党领导的多党合作和政治协商制度为保障,集协商、监督、参与、合作于一体,是社会主义协商民主的重要渠道",是"适合中国国情、具有鲜明中国特色的制度安排"。高中学生开展模拟政协活动,在提升社会参与素养的同时,也有助于理解我国的基本政治制度,从而在学习和实践中增强"四个自信"。

找到了高中思想政治课课堂学习与社会实践的有效结合点,便可实现书本知识和社会参与运用之间的无缝衔接和相互转换。模拟政协活动实质上是一种立足思想政治课的知识点(当然也包括其他学科的综合知识),面对社会生活实际,开展调查研究,提出解决真实社会问题的全过程议题式教育教学活动。在此过程中,培养了学生问题发现能力、调查研究能力、知识运用能力、写作和表达能力,培育了其理性辩证的思考意识、求同存异的协商意识等。据此,本书还结合高中思想政治课,提出了高中生社会参与素养培育的课程形式和实践形式。

我长期在高校工作,也看到大学生在社会参与方面存在的一些问题和不足。有些大学生要么参与意识不强,对社会问题比较淡漠;要么具有一定的参与意识,但看问题流于表面或者视角狭窄、观点偏激。看了胡杰老师的这本书,我欣喜地发现,如果在高中阶段加强学生社会参与素养的培育工作,落实好社会参与的常识性知识和基础性能力的学习及培养,大学阶段再结合理论性、探究性的学习,不仅能极大增强大学生的社会参与意识和能力,更能促进大中学生思想政治课的一体化衔接,实现循序渐进、螺旋上升的思想政治课育人目标。同时,胡杰老师对高中思政课改革探索所总结的实践经验及其理论提炼,对于大学思政课的内涵式发展，也具有不可多得的普遍价值。

从这几个角度来看，《社会参与素养的培育模型与干预机制》一书值得广大高中思想政治学科教师和学生研读与推广，书中总结的经验和理论阐述，也非常值得高校思政课教师借鉴。

上海交通大学

2020 年 3 月

前言

    高中阶段是学生开始理性考虑自己人生道路的重要阶段。从发展阶段来说，这一时期的学生思考问题习惯性地以"自我"为中心，惯于以解决好"自我"这个问题为目的。这种主观上的需求使得他们的自我意识获得了高度发展，他们开始关注人际关系和社会生活，他们内心希望"能处理好自我与社会的关系，养成现代公民所必须遵守和履行的道德准则和行为规范，增强社会责任感，提升创新精神和实践能力，促进个人价值实现，推动社会发展进步，发展成为有理想信念、敢于担当的人。"[1]。从学生发展角度看，学生最终要从学校步入社会，参与社会管理，成为管理者或被管理者，而高中生正处于思想活跃、价值观念形成和社会参与意识萌发的重要阶段，因此，需要在高中阶段培养学生社会参与的意识与能力。

    当下，上海教育综合改革对高中学生的综合素养有了相应的规定，特别对学生的社会参与、创新精神和实践能力等有较高的要求。从上海市各级学校的教育教学情况看，其对创新精神和实践能力方面有一定的关注。例如，上海市各级学校开展的创新人才培养项目、中学生模拟政协活动等。但现实生活中学校对学生的社会参与等缺乏相应的研究与实践，学生在社会参与方面普遍存在社会参与素养薄弱、社会参与的方法路径单一狭窄、社会参与缺乏实质性载体等问题，整体来说，缺乏一个系统地培养高中学生社会参与素养的方法与机制，这给教育实践者解决相关问题带来诸多不便。

    社会参与通常"重在强调能处理好自我与社会的关系，养成现代公民所必须遵守和履行的道德准则和行为规范，增强社会责任感，提升创新精神和实践能力，促进个人价值实现，推动社会发展进步，发展成为有理想信念、敢于担当的人"[2]。从社会参与素养角度来看，根据专家的研究，它主要包括责任担当和实践创新两个重要组成部分。责任担当"主要是学生在处理与社会、国家、国际等关系方面所

---

1   王又新,王中华.核心素养视角下教师文化变革研究[J].中小学教师培训,2017(4)：7.
2   赵婀娜.今天,为何要提"核心素养"[N].人民日报,2016－10－13(20).

形成的情感态度、价值取向和行为方式。具体包括社会责任、国家认同、国际理解等基本要点"；实践创新"主要是学生在日常活动、问题解决、适应挑战等方面所形成的实践能力、创新意识和行为表现。具体包括劳动意识、问题解决、技术应用等基本要点"。[1]社会参与素养的提出，同中国学生核心素养一样，以科学性、时代性和民族性为基本原则，以培养"全面发展的人"为核心，从另一个侧面回答了学校教育"培养什么人"的问题，有助于学校实现从学科中心转向对人的全面发展的关注，为育人模式、评价方式的转型指明了一条可行的方向。

社会参与素养的重要特征在于其后天可干预性和情境赋予性。这种素养培育一般不是机械地学习知识与技能就能形成的，它需要在富有现场感的社会性情境中通过反思性实践与内在建构才能慢慢形成。然而，这种富有现场感的社会性情境中的反思性实践该如何进行？这当然是十分复杂的。无论是教育专家还是一线教师都在思考如何培养学生社会参与素养并使之在教育教学的实践中落地。我们甚至不禁感叹，理论上实在太"模糊"。虽然，这种"模糊与抽象"给基层实践者提供了自由探索的空间，但也让广大教育实践者感到迷茫。究其原因，主要在于提出高度抽象的参与素养提升的目标，缺乏具体实现社会参与素养培养的路径和策略，教育工作者们不知道如何把这种"高大上"的理念具体化，很难找到培育社会参与素养的实际切入点。

近年来，我们一直在思索这个问题。2014年以来，笔者以所在学校的中学生模拟政协活动社团的具体活动为载体，总结提炼出模拟政协活动中的社会参与素养因子，并通过系统的文献归纳整理，形成基于模拟政协活动的社会参与理念与方案，并充分在行动中改进，总结提炼了高中生社会参与素养的实现途径和形式。

本书旨在较为系统地挖掘高中学生社会参与素养的深刻内涵和相关指标，并对提升社会参与素养的切入点——模拟政协活动机制——进行研究，借助学校模拟政协活动这个载体，形成系统的运作方式，将模拟政协活动的内容（如社会热点、群众关切）和形式（如社会调研、协商参与）与高中生社会参与素养的培育与提升相结合，使学生在真实的教育情境（模拟政协活动）中获得真实的体验，从而实

1　左璜,莫雷.核心素养：为未来培养高智能优质人才［J］.高等职业教育探索,2017,16(3)：4.

现学生社会参与素养的真实提升。总的来说,本书的目的就是厘清当前高中生社会参与素养提升面临的问题,以模拟政协活动为载体和突破口,使高中生社会参与素养的抽象指标在模拟政协活动中得到具体落实,通过模拟政协活动的逐步推进,总结分析出其在高中生社会参与素养提升方面所展现出的独特价值,从而提升高中生社会参与素养。

基于上述的最终目标,我们将该研究的内容分解为如下几个方面:

一是高中生社会参与素养的内涵探究。该部分聚焦高中生社会参与素养的相关理论的研究情况,确定该研究的理论基础;通过对相关社会参与理论的研究与梳理,对高中生社会参与素养进行细化与分类,明晰高中生社会参与素养的基本内涵和外在表现,并从理论层面将模拟政协的活动机制与高中生的社会参与素养进行有机整合。

二是高中社会参与素养培育和模拟政协活动开展的现状调研。该部分内容包括两个方面:一方面是全面地了解我国高中阶段的教育对于学生社会参与素养培育的经验与做法;另一方面是对开展模拟政协活动的学校的调查,特别是针对性地了解各高中学校开展模拟政协活动在提升学生核心素养方面的现状,如具体的做法、存在的问题等。现状调研主要为该研究提供实践基础。

三是模拟政协活动的系统运行机制研究。在系统梳理摸清国内其他高中学校模拟政协的运作方式和实施情况后,结合上海交通大学附属中学模拟政协活动开展的实践,研究制定其活动的实施方案,总结出模拟政协活动的系统运作机制。

四是模拟政协活动与社会参与素养的契合度研究。该研究内容涉及两个方面:一方面是研究模拟政协对于社会参与素养提升的相关性,即对模拟政协活动的开展与学生社会参与能力的提升进行相关性的分析;另一方面是深入挖掘模拟政协活动在实施过程中,在高中学生社会参与素养(相关指标)提升方面有显著意义的活动形式或教育内容。

五是以模拟政协为载体提升社会参与素养的操作策略和保障举措研究。在上述研究内容完成的基础上,探索形成一种基于模拟政协活动的,提升学生社会参与素养的具体操作策略或方式。

根据目标和研究的内容,我们在研究方法层面主要使用了文献研究法、行动研究法、调查研究法和个案分析法。首先运用文献研究法,搜集、鉴别、整理文献,并通过对文献的研究形成对事实的科学认识。该研究中,前期资料收集的目的是系统梳理前人的研究成果,为该研究提供前期准备和理论基础。此外,在课题研究推进过程中,我们在试图建构模拟政协活动的运行机制和提升学生社会参与素养的策略中都运用到了文献研究法。行动研究法,主要指教师或研究人员共同合作,边研究边行动,有计划有步骤地解决教学实践中产生的问题的方法。就该研究而言,我们的研究目标是通过对模拟政协活动的深入探究,挖掘其运行机制,将其与高中生社会参与素养的内涵联系起来,最终探索出高中生社会参与素养培育的基本路径或策略。所以说,该研究明显具备行动研究的基本特征,它是在行动中实施、总结,并在行动中修改与完善的,研究所构建的机制策略又在行动中得到反馈与验证。我们还使用了调查研究法,这是通过考察了解客观情况直接获取有关材料,并对这些材料进行分析的研究方法。具体到该研究中,使用到调查研究法的部分,包括对全国范围内高中学校开展学生社会参与的研究与实践和对模拟政协活动的现状调研,通过发放问卷和组织访谈等了解现状。在后期的课题研究成果验证过程中也会辅之以调查研究法,用于情况反馈。为了使得研究更具说服力和实践性,该研究也使用了个案分析法,通过上海交通大学附属中学模拟政协活动的具体实施来建构理论并进行个案检验,以期达到设定的目的。

第一章
高中生社会参与素养的研究现状

社会参与素养是人们参与社会生活所具备的素养，是按照社会规则规范自己的言行，使自己的言行符合社会的基本要求，承担相应的社会责任，扮演好自己的社会角色的素养。社会参与素养包括责任担当和实践创新两个组成部分，责任担当主要是学生在处理与社会、国家、国际等关系方面所形成的情感态度、价值取向和行为方式，具体包括社会责任、国家认同、国际理解等基本要点。实践创新主要是学生在日常活动、问题解决、适应挑战等方面所形成的实践能力、创新意识和行为表现，具体包括劳动意识、问题解决、技术应用等基本要点。

社会参与素养是学生关注自我、关注社会并试图主动参与公共事务的一种素养。如前文所述，社会参与素养包括责任担当和实践创新两个组成部分，且分别有各自的内涵与指标。本章试图对社会参与、社会参与素养和高中生社会参与素养培育的国内外情况进行相关梳理，通过文献梳理明晰高中生社会参与素养的内涵、指标与培养途径，为后续研究与活动设计打下基础。

第一节　社会参与素养的内涵研究

一、作为核心素养的社会参与素养

关于核心素养的相关研究，从中国知网的检索来看，其受到的关注度非常高。笔者以"核心素养"为主题，选择"社会科学 II 辑"（含社会科学理论与方法、社会学及统计学、民族学、人口学与计划生育、人才学与劳动科学、教育理论与教育管理、学前教育、初等教育、中等教育、高等教育、职业教育、成人教育与特殊教育、体育等）的文献分类，在中国知网进行中英文的文献检索，截止到 2020 年 2 月 20 日，共检索到 41404 个词条。部分年份的数据如下：2020 年有 647 篇；2019 年有 17110 篇；2018 年有 13013 篇；2017 年有 7654 篇；2016 年有 2483 篇；2015 年有 324 篇；2014 年有 71 篇；2010 年有 2 篇；2002 年有 4 篇。可以看出，从 2002 年以来就有零星的研究，到 2015 年文献数量明显上升，到 2019 年文献数量呈现出"井喷"的态势。在对文献的收录分析中，我们也发现国外一些国家、地区或国际组织等对核心素养有研究。

师曼、刘晟、刘霞、周平艳、陈有义、刘坚、魏锐等几位学者于 2016 年 3 月在《华东师范大学学报（教育科学版）》发表《21 世纪核心素养的框架及要素研究》一文，对经济合作与发展组织（OECD，简称"经合组织"）、欧盟、美国、俄罗斯、新加坡等的核心素养研究及其框架进行了整理与分析。根据上文，我们摘录情况如下：

经合组织"于 1997 年开始启动 21 世纪核心素养框架的研制工作。经多方研讨和论证,其报告《素养的界定与遴选》(*Definition and Selection of Competencies: Theoretical and Conceptual Foundations*,简称:DeSeCo)于 2003 年形成最终版,并于 2005 年公布在其官方网站上。""OECD(2005)框架为概念参照框架(conceptual framework),将核心素养划分为'互动地使用工具、在社会异质群体中互动和自主行动'三个类别,这三个类别关注不同方面,但彼此间相互联系,共同构成核心素养的基础。"见表 1-1。[1]

表 1-1　OECD(2005)核心素养框架

素 养 分 类	关 键 素 养
互动地使用工具	1. 互动地使用语言、符号与文本 2. 互动地使用知识与信息 3. 互动地使用技术
在社会异质群体中互动	1. 与他人建立良好的关系 2. 团队合作 3. 管理与解决冲突
自主行动	1. 在复杂的大环境中行动 2. 形成并执行个人计划或生活规划 3. 保护及维护权利、利益、限制与需求

可见,互动地使用工具、在社会异质群体中互动和自主行动三个具体的指标当中,已经暗含着社会参与素养的相关要求,如与他人建立良好的关系,团队合作,管理与理解冲突,在复杂的大环境中行动,保护及维护权利、利益、限制与需求等。

"2002 年美国正式启动 21 世纪核心技能研究项目,创建美国 21 世纪技能联盟(Partnership for 21st Century Skills,简称:P21),努力探寻那些可以让学生在 21 世纪获得成功的技能,建立 21 世纪技能框架体系,在世界范围内产生了广泛影响。美国 P21 框架的核心技能、与之配套的课程以及支持系统之间的相互关系以彩虹图呈现。"见图 1-1。[2]

1　师曼,刘晟,刘霞,周平艳,陈有义,刘坚,魏锐. 21 世纪核心素养的框架及要素研究[J]. 华东师范大学学报(教育科学版),2016(3):30.
2　师曼,刘晟,刘霞,周平艳,陈有义,刘坚,魏锐. 21 世纪核心素养的框架及要素研究[J]. 华东师范大学学报(教育科学版),2016(3):31.

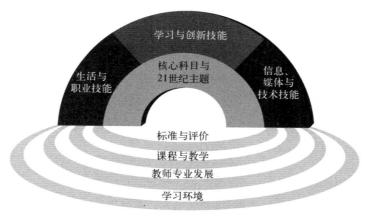

图 1-1　美国 P21 的 21 世纪学习框架

可以看出,图中核心素养的"学习与创新技能"(创造力与创新、批判思维与问题解决、交流沟通与合作)和"生活与职业技能"(灵活性与适应性、主动性与自我导向、社会与跨文化素养、效率与责任、领导与负责)这两个方面和多个指标,与社会参与的相关指标是有一定的契合之处的。

"新加坡政府对比了 21 世纪与 20 世纪所需劳动力的特点,提出了建设'思考型学校和学习型国家'的愿景,并提出 4 个理想的教育成果,即:培养自信的人、主动的学习者、积极的贡献者和热心的国民。"其核心素养框架见图 1-2。[1]

图 1-2　新加坡 21 世纪核心素养与学生学习成果框架图

1　师曼,刘晟,刘霞,周平艳,陈有义,刘坚,魏锐. 21 世纪核心素养的框架及要素研究[J]. 华东师范大学学报(教育科学版),2016(3):31-32.

可以看出,新加坡政府所规划的核心素养框架图中,也提到了人际关系管理、跨文化素养,交流、合作与信息素养,积极的贡献者等指标。这些指标对于我们把握和设计学生的社会参与素养起着积极的借鉴作用。

在重要国际组织、发达国家开展学生发展核心素养研究,并推动学生发展核心素养体系在教育实践与课程中落实的国际教育背景下,我国教育部正式启动中国基础教育与高等教育阶段学生核心素养研究项目。

2016 年 9 月 13 日,北京师范大学核心素养课题组研究发布了"中国学生发展核心素养"的框架及内涵。正式发布的"中国学生发展核心素养"分为"文化基础、自主发展、社会参与三个方面,综合表现为人文底蕴、科学精神、学会学习、健康生活、责任担当、实践创新六大素养,具体细化为国家认同等十八个基本要点"[1]。"中国学生发展核心素养"的出发点和归宿是"全面发展的人",明确了"立什么德,树什么人"的问题,落实了我党的教育方针,该框架不仅体现了对国际公认未来人才的普遍要求,同时又基于我国国情,体现了民族精神。中国学生发展核心素养基本要点和主要表现如表 1-2 所示。

表 1-2　中国学生发展核心素养基本要点和主要表现[2]

	核心素养	基本要点	主要表现描述
文化基础	人文底蕴	人文积淀	具有古今中外人文领域基本知识和成果的积累;能理解和掌握人文思想中所蕴含的认识方法和实践方法等。
		人文情怀	具有以人为本的意识,尊重、维护人的尊严和价值;能关切人的生存、发展和幸福等。
		审美情趣	具有艺术知识、技能与方法的积累;能理解和尊重文化艺术的多样性,具有发现、感知、欣赏、评价美的意识和基本能力;具有健康的审美价值取向;具有艺术表达和创意表现的兴趣和意识,能在生活中拓展和升华美等。
	科学精神	理性思维	崇尚真知,能理解和掌握基本的科学原理和方法;尊重事实和证据,有实证意识和严谨的求知态度;逻辑清晰,能运用科学的思维方式认识事物、解决问题、指导行为等。

1　核心素养研究课题组.中国学生发展核心素养[J].中国教育学刊,2016(10):1.
2　核心素养研究课题组.中国学生发展核心素养[J].中国教育学刊,2016(10):2-3.

	核心素养	基本要点	主要表现描述
文化基础	科学精神	批判质疑	具有问题意识;能独立思考、独立判断;思维缜密,能多角度、辩证地分析问题,作出选择和决定等。
		勇于探究	具有好奇心和想象力;能不畏困难,有坚持不懈的探索精神;能大胆尝试,积极寻求有效的问题解决方法等。
自主发展	学会学习	乐学善学	能正确认识和理解学习的价值,具有积极的学习态度和浓厚的学习兴趣;能养成良好的学习习惯,掌握适合自身的学习方法;能自主学习,具有终身学习的意识和能力等。
		勤于反思	具有对自己的学习状态进行审视的意识和习惯,善于总结经验;能够根据不同情境和自身实际,选择或调整学习策略和方法等。
		信息意识	能自觉、有效地获取、评估、鉴别、使用信息;具有数字化生存能力,主动适应"互联网＋"等社会信息化发展趋势;具有网络伦理道德与信息安全意识等。
	健康生活	珍爱生命	理解生命意义和人生价值;具有安全意识与自我保护能力;掌握适合自身的运动方法和技能,养成健康文明的行为习惯和生活方式等。
		健全人格	具有积极的心理品质、自信自爱,坚韧乐观;有自制力,能调节和管理自己的情绪,具有抗挫折能力等。
		自我管理	能正确认识与评估自我;依据自身个性和潜质选择适合的发展方向;合理分配和使用时间与精力;具有达成目标的持续行动力等。
社会参与	责任担当	社会责任	自尊自律,文明礼貌,诚信友善,宽和待人,孝亲敬长,有感恩之心;热心公益和志愿服务,敬业奉献,具有团队意识和互助精神;能主动作为,履职尽责,对自我和他人负责;能明辨是非,具有规则与法治意识,积极履行公民义务,理性行使公民权利;崇尚自由平等,能维护社会公平正义;热爱并尊重自然,具有绿色生活方式和可持续发展理念及行动等。
		国家认同	具有国家意识,了解国情历史,认同国民身份,能自觉捍卫国家主权、尊严和利益;具有文化自信,尊重中华民族的优秀文明成果,能传播弘扬中华优秀传统文化和社会主义先进文化;了解中国共产党的历史和光荣传统,具有热爱党、拥护党的意识和行动;理解、接受并自觉践行社会主义核心价值观,具有中国特色社会主义共同理想,有为实现中华民族伟大复兴中国梦而不懈奋斗的信念和行动。

核心素养		基本要点	主要表现描述
社会参与	责任担当	国际理解	具有全球意识和开放的心态,了解人类文明进程和世界发展动态;能尊重世界多元文化的多样性和差异性,积极参与跨文化交流;关注人类面临的全球性挑战,理解人类命运共同体的内涵与价值等。
	实践创新	劳动意识	尊重劳动,具有积极的劳动态度和良好的劳动习惯;具有动手操作能力,掌握一定的劳动技能;在主动参加的家务劳动、生产劳动、公益活动和社会实践中,具有改进和创新劳动方式、提高劳动效率的意识;具有通过诚实合法劳动创造成功生活的意识和行动等。
		问题解决	善于发现和提出问题,有解决问题的兴趣和热情;能依据特定情境和具体条件,选择制订合理的解决方案;具有在复杂环境中行动的能力等。
		技术应用	理解技术与人类文明的有机联系,具有学习掌握技术的兴趣和意愿;具有工程思维,能将创意和方案转化为有形物品或对已有物品进行改进与优化等。

从核心素养角度看社会参与素养,我们发现中外对于社会参与素养内涵的描述也呈现出了一定的共同点。

一是社会参与素养指向不断变化,体现了时代发展对于学生素养的本真要求。"从全球范围来看,核心素养的选取都反映了社会经济与科技信息发展的最新要求,强调创新与创造力、信息素养、国际视野、沟通与交流、团队合作、社会参与及社会贡献、自我规划与管理等素养,内容虽不尽相同,但都是为了适应 21 世纪的挑战。"[1]可以看出,与常规思考有所不同的是,社会参与素养大体希望培养学生对于不断变化发展的新时代具有一定的应对能力,对于社会的发展有一定的关注和发现问题的能力。在这个变化的时代中,学生如何去学,如何把控自己的生存方式,甚至于如何赢得未来,这些都要求学生具备社会参与素养和能力。

二是社会参与素养的目标在于培养与社会共同发展的优质公民。从上文经合组织、美国、新加坡、中国等对学生社会参与素养的描述中可以发现,它们对合

---

[1]　褚宏启,张咏梅,田一. 我国学生的核心素养及其培育[J]. 中小学管理,2015(9):5.

格或优质国民、公民的培养要求有不同程度的显现。可见,把学生培养成为负责任的国民、公民的培育确实已成为社会参与素养的重要目标之一。学生社会参与素养的培育重在养成学生基于公德和公益的价值判断和表达能力,将学生个人的发展与社会的发展相结合,强调二者之间的和谐统一,一方面培养出社会发展所需要的优质公民,另一方面也培养学生适应社会的能力。社会参与素养是个人终身发展和融入社会所必需的素养的集合。

三是社会参与素养关注人的全面发展。从上述国家和组织的核心素养指标看,它们对于核心素养的描述并不是单一的。尤其是社会参与或公共参与素养,它所涉及的素养、能力、表现等涵盖了人际交往、社会情绪、文化表达、跨文化理解能力、道德等诸多方面,这表示对社会参与素养的研究与以往单一追求学业质量、智力发展的教育价值观不同,大家更加关注学生的交往能力、情绪和幸福感,更加致力于培养全面发展的人而不是学习的机器,培养学生不断改进的社会行动与社会实践能力。

二、社会参与素养的内涵

对于社会参与素养的定义,有很多不同的看法,限于篇幅,仅从理论研究和学科发展角度来看,列举两个看法,不一一枚举其他的观点。

从理论研究的角度看,引用度较高的是核心素养课题组的相关表达,即"社会参与,重在强调能处理好自我与社会的关系,养成现代公民所必须遵守和履行的道德准则和行为规范,增强社会责任感,提升创新精神和实践能力,促进个人价值实现,推动社会发展进步,发展成为有理想信念、敢于担当的人。"[1]社会参与核心素养包括责任担当和实践创新两部分。所谓责任担当,就是指"学生在处理与社会、国家、国际等关系方面所形成的情感态度、价值取向和行为方式。具体包括社会责任、国家认同、国际理解等基本要点。"[2]而实践创新,就是指"学生在日常活动、问题解决、适应挑战等方面所形成的实践能力、创新意识和行为表现。具体包

————————
1 2 核心素养研究课题组.中国学生发展核心素养[J].中国教育学刊,2016,(10):2.

括劳动意识、问题解决、技术应用等基本要点。"[1]

从思想政治学科角度看,较为官方和权威的表述见《普通高中思想政治课程标准(2017 年版)》。课程标准对"公共参与"的描述是"有序参与公共事务,勇于承担社会责任,积极行使人民当家作主的政治权利"[2]。其主要表现有"具有集体主义精神;遵守规则,有序参与公共事务;热心公益事业,践行公共道德,乐于为人民服务;积极参与民主选举、民主协商、民主决策、民主管理、民主监督的实践,体验人民当家作主的幸福感;具备善于对话协商、沟通合作、表达诉求和解决问题的能力,勇于担当社会责任。"[3]

结合上述两种较为常见的观点,尤其是站在思想政治学科教学的角度,本书将社会参与素养界定为:学生充分利用思想政治的学科知识,以主人翁意识,积极主动关注社会发展,参与社会调查研究,发现问题,通过模拟政协活动的方式,提出建议或解决社会问题的素养。根据这个定义,我们设定社会参与素养的外延指标大体如下:

1. 本体知识。本体学科知识是学生进行社会参与的最基本载体。思想政治学科教科书政治常识中,把我国公民的政治权利和义务、我国国家机关及其工作职能、人民政协、我国公民政治参与的途径和渠道等知识进行了详尽描述。学生充分把握学科知识是进行社会参与的知识基础。

2. 规则意识。古人说无规矩无以成方圆,学生进行社会参与、社会调查等都必须有一定的规则意识。这些规则主要包括:实事求是(数据调研与统计的真实性)、人际沟通(尊重、理解等)、程序合法(提议或建议的基本流程、科学的表达等)、道德准则(社会公德、信息保密、文化理解等)。在社会参与过程中若不遵守规则,不仅社会参与的效果无法体现,更不要说社会参与素养和能力的提升。

3. 社会调查。以主人翁的意识开展社会调查研究,这对学生来说是一个巨

1 核心素养研究课题组. 中国学生发展核心素养[J]. 中国教育学刊,2016,(10):2.
2 中华人民共和国教育部. 普通高中思想政治课程标准(2017 年版)[M]. 北京:人民教育出版社,2018:6.
3 中华人民共和国教育部. 普通高中思想政治课程标准(2017 年版)[M]. 北京:人民教育出版社,2018:7.

大的挑战。学生既要在既定的时间、地点完成相关的学业任务,又要在繁忙的学业之余围绕自己所关注的社会问题开展调研。我们主张学生组建团队开展调研活动,一方面发挥团队成员各自的优势,一方面避免了一个人单打独斗的精力限制。社会调查能力主要体现在:组建团队、发现问题、方法拟定、问卷制定、统计分析等。

4. 民主协商。社会参与素养提升不是抽象的空话,而是需要在现实的活动中得到切实的展现。组建学生模拟政协活动团队的形式,把学生所关注的社会问题、调查过程、协商研讨和政策建议等展示出来,不仅可以评价学生的能力提升结果,更能关注到学生参与的过程。学生在模拟政协活动中加深了对于我国人民政协制度、流程的理解,也充分体会到了社会参与的经历,潜移默化中提升了社会参与素养和参与能力。

第二节　国内外高中生社会参与素养培育研究

通过对文献的总结和分析,我们对高中生社会参与素养的内涵进行了初步界定。基于这个概念,国内外关于培育高中生社会参与素养都有哪些研究?有哪些做法? 研究这两个问题为我们后续的实践跟进能提供良好的实践基础。

一、我国高中生社会参与素养培育研究

关于我国高中生社会参与素养培育的途径研究文献较少。本书从能够检索到的相关文献中大致总结了我国现阶段高中生社会参与素养的培育方式。

强调要发挥教师在培育学生社会参与素养中的作用。从中国知网检索的情况看,国内研究关于如何培养或提升学生的社会参与素养的研究者主要是一线的思想政治课教师,专业硕博士论文中对此也有一些探索。如:"高中思想政治学科教师的教学理念,不能止步于素质教育,而是要将素质教育的内涵具体化,使其具有指导性,并且能够进行具体的操作,即着眼于培育学生终身发展的政治认同、科学精神、法治意识和公共参素,为学生发展奠定思想政治学科素养基础。"[1]也有一线研究者提出:"政治教师相比之下会更加具有科学精神和公民意识,会尊重学生作为独立主体的个性化发展以及权利的自由行使。在政治课堂上,学生可以自由地表达自己的想法,在教学过程中能够成为'主角',而教师发挥的不过是引导作用,从而挖掘学生的潜力,使学生自己发现自身的价值与能力,并在日后的实践中尝试将其发挥出来。"[2]可以看出,这两位一线研究者把思想政治任课教师的作用发挥提到了一定的高度,这当然也体现出了教师的主导

---

[1]　张彩玲.普通高中思想政治学科核心素养培育策略研究[D].湖南师范大学,2018:37.
[2]　陈旭升.高中思想政治课程中"公共参与"素养培育研究[D].华东师范大学,2018:27.

作用。

强调发挥学校环境创设在社会参与素养培育中的作用。有一些研究者提出培育中学生社会参与素养,要充分发挥学校的作用,在课程、课时、指导老师等安排上给予适当的倾斜,只要充分调动学校的积极性,就能为学生社会参与素养的提升打下良好的基础。有的学者提出了校园创设环境的重要性,如"传统威权型校园管理模式强调管理者权力的集中,而公共参与的过程却是一个决策民主化、权利下放的过程,只有转变当前校园威权格局,营造参与型的校园氛围才能促使学生'敢于参与'、'乐于参与'"[1]。还有研究者提出:"校本的活动课程和研究性学习对于思想政治课堂教学而言是一种很好的补充,可以弥补仅仅依靠课堂教学的不足。具有思想政治课特色的活动课程不仅有利于学科拓展,而且为学生的主动性、创造性的发挥提供了有利条件,有助于增强学生体验,在活动的参与中培养学生公共参与素养。"[2]可见不论是重要性,还是具体的实施策略,学校的环境创设对于培育学生的社会参与素养意义重大。

强调创设环境,发挥第二课堂在社会参与素养培育中的作用。目前,让学生走出课堂,走进社会,日益成为学者们和一线教师们所关注的社会参与培养方式。有的研究者提出:"校外社会实践活动为学生提供了解决真实社会问题的机会,旨在实现学生思维能力与实践能力的结合,不仅有助于学生应用、检验、内化课堂教学涉及的学科核心素养,还有助于提升学生参与社会公共事务的实践水平,以及交往、表达、创新等多种核心素养。通过社会实践活动,学生得以切实体会到社会、国家给予自身的归属感,成为有责任担当的中国公民,建设性地参与到我国社会主义现代化事业之中。"[3]也有的学者提出:"通过这样的调查实践活动,学生可以更好地理解我国政府的职能,体会到我国政府是便民利民的政府,并且通过向政府部门建言献策,可以获得公共参与的责任感和满足感,从而在以后的社会生活中可以更加自觉主动地参与公共事务的实践。"[4]

---

1 韦思雨.高中思想政治课学生公共参与意识的培养研究[D].华中师范大学,2019:43.
2 徐卫良.基于思想政治课程培养中学生公共参与素养[D].南京师范大学,2018:24.
3 龚继萌.基于高中思想政治学科核心素养的培育策略研究[D].东北师范大学,2018:33.
4 赵祎敏.高中思想政治课培育学生公共参与素养研究[D].华中师范大学,2019:31.

二、国外高中生社会参与素养培育研究

因为国情不同,国外和国内关于高中生社会参与素养培养有不同的称谓和不同的做法。关于国外高中生社会参与素养培育的做法,本书从国内的文献转引一部分,用以简要了解与概览。

关于学生社会参与,国外主要是通过公民教育来实施的。"西方发达国家大多都会开设公民课,这相当于国内思想政治课的功能与作用,在公民课中,不仅注重公民意识的培养,还注重鼓励学生积极参与公民实践,培养学生的公共参与素养。"[1]如美国更强调公民教育的重要性,尤其强调公民的主动和积极参与的意义。"它强调了参与的能动性和广泛性,认为公民参与不应该局限在被动之中,公民应主动、积极地参与到社会、政治事务之中。与该口号内涵相同的,以'参与式公民教育'理念为核心的服务学习也悄然在美国校园中盛行。服务学习是一种方法,通过学校与社区合作,将提供的社区服务与学校课程联系起来,学生参与到有组织的服务行动中,满足社会需求,培养社会责任感,同时获得知识与技能,提高合作、评价及处理问题的能力。"[2]这给我们的启发与借鉴就是要让学生主动步入社会开展社会服务和具体的实践行动。英国、加拿大和法国,同样开展了重视公民教育的研究:"1998年英国颁布的《科瑞克报告》将公民意识的培养作为重点,同时在实践方面,要求改变以往的灌输式教育,采取实践参与以及互动讨论等方式进行公民教育,并确立服务学习和社区中的主动学习的重要意义,……英国的大部分学校都在为学生提供各种的服务学习机会和'社区主动学习'的平台。在加拿大,社区服务是学生接触真实问题、了解社会生活、进行直接经验学习的主要途径。因此,加拿大的学校吸纳社区服务并引入了与课程相关的社区服务,通过组织学生参与多种社区活动进行公民教育。而法国的公民教育则较为重视课外活动,认为课外活动能够有效培养学生的各种公民素质,包括拓宽知识面与加深理

1　胡颖.高中生公共参与素养培育的实践研究[D].上海师范大学,2018:4.
2　韦思雨.高中思想政治课学生公共参与意识的培养研究[D].华中师范大学,2019:4.

解力,发展参与意识并调动活动参与的积极性。"[1]

总体上看来,世界各国大都是通过公民教育来提升学生的社会参与素养。它们的做法给我们的启示是:"一方面公共参与实践是培育学生公民素养的重要途径,另一方面也是公民教育所追求的目标。我们在培育中学生公共参与素养的时候,要学会给学生创设情境,要敢于给学生主动实践的机会,鼓励学生积极参与实践的过程,在实践中让中学生的公共参与素养得以养成。"[2]

1　谢颖.基于思想政治课程的中学生公共参与素养培育研究[D].浙江师范大学,2017:13.
2　陈旭升.高中思想政治课程中"公共参与"素养培育研究[D].华东师范大学,2018:5.

第二章
上海市高中生社会参与素养现状调查

从上海市高中生社会参与总的情况看,上海市高中生的社会参与素养较高,国家认同方面的分数远高于其他指标的均值,显示了良好的立德树人效果;社会参与素养的两个核心指标社会责任和实践创新方面,实践创新的分数高于社会责任的,这反映出上海学校教育对于实践活动的重视,这应与上海市综合素质评价中的社会实践要求有一定相关性;还发现了参与相关社团对于提升社会参与素养的积极作用。

采取随机抽样的方式,选取上海市八所普通高中的学生作为调查对象,围绕责任担当和实践创新两个基本内容进行相关调研。具体调查内容有:学生的责任担当素养,包括社会责任、国家认同、国际理解和参政意识及能力等;学生的实践创新素养,包括在日常活动、问题解决、适应挑战等方面所形成的实践能力、创新意识和行为表现等内容。

通过调研数据发现的现象值得我们思考:从上海市高中生社会参与总的情况看,上海市高中生的社会参与素养较高,国家认同方面的分数远高于其他指标的均值,显示了良好的立德树人效果;社会参与素养的两个核心指标社会责任和实践创新方面,实践创新的分数高于社会责任的,这反映出上海学校教育对于实践活动的重视,这应与上海市综合素质评价中的社会实践要求有一定相关性;还发现了参与相关社团对于提升社会参与素养的积极作用。

第一节　上海市高中生社会参与素养的总体情况

一、责任担当素养的调查结果

学生在社会责任、国家认同、国际理解、参政意识及能力四个方面的评估得分相对较高,每个方面的所有项总和平均数都在 3 分以上(满分 4 分)。具体到项目得分,学生在"买到过期食品的表现""成为义务志愿者的态度""出国留学毕业后的选择""为祖国做出贡献的态度""对外来文化的态度""国家在全球化背景下应保持的态度""对政府发展建议的做法""对中华民族伟大精神的感受"这八项上得分略低,均小于 3 分。具体数据可参见表 2-1。

表 2-1　责任担当素养调查统计总表

		项　　目	平均数	标准差
责任担当	社会责任	通过交通信号灯的表现	3.87	0.49
		买到过期食品的表现	2.58	0.80

		项　目	平均数	标准差
责任担当	社会责任	学校活动中的表现	3.05	0.92
		面对损害集体行为的态度	3.19	0.74
		成为义务志愿者的态度	2.82	0.88
		所有项总和	3.10	0.50
	国家认同	考大学的目的	3.04	0.87
		出国留学毕业后的选择	2.86	0.96
		为祖国做出贡献的态度	2.85	0.91
		祖国文化的理解程度	3.24	1.12
		社会主义核心价值观内容	3.81	0.66
		所有项总和	3.16	0.51
	国际理解	二十四节气列入非物质文化遗产的看法	3.55	0.86
		我国获得 2022 年冬奥会举办权的感受	3.41	0.95
		对外来文化的态度	2.93	0.69
		对中外交流活动的态度	3.00	0.84
		对全球化的基本态度	3.05	0.74
		国家在全球化背景下应保持的态度	2.67	0.99
		所有项总和	3.10	0.46
	参政意识及能力	关心国家时事的态度	3.00	0.81
		假设人大会选民的态度	3.67	0.69
		对政府发展建议的做法	2.60	0.61
		对中华民族伟大精神的感受	2.96	1.04
		所有项总和	3.06	0.60

此外,表2-1显示,学生的责任担当素养中每个项目指标的得分标准差分布在0.46—1.12之间,表明个体间的离散程度较大,部分个体的得分数值与平均值之间差异较大,说明学生个体每个项目的得分存在较大差异。

二、实践创新素养的调查结果

学生在日常活动、问题解决、适应挑战三个方面的评估得分均为良好水平，三个方面的所有项总和平均数都在3分以上（满分5分）。具体到每一项得分，学生仅在"活动和团队中的领导能力"这一项上得分略低（小于3分）。具体数据可参见表2-2。

表2-2 实践创新素养调查统计总表

		项目	平均数	标准差
实践创新素养	日常活动	文字形式表达能力	3.71	1.14
		组织语言表达想法的能力	3.46	1.05
		言论具有感染力和影响力	3.27	1.07
		适应不同角色转变的能力	3.56	1.15
		活动和团队中的领导能力	2.97	1.15
		所有项总和	3.39	0.88
	问题解决	遇到困难和挫折的良好心态	3.41	1.18
		善于观察现状并发现问题	3.53	1.12
		发现问题积极解决	3.46	1.09
		结合所学知识全面分析问题	3.50	1.11
		举一反三的能力	3.33	1.08
		提出新看法和新见解的能力	3.57	1.04
		解决问题方案切实可行的能力	3.54	1.03
		所有项总和	3.48	0.87
	适应挑战	处理危机时保持冷静、转危为安的能力	3.49	1.08
		安排时间以顺利完成各项任务的能力	3.42	1.16
		自学能力	3.40	1.13
		参与学校的研究课题的态度	3.27	1.25
		将想法转化成实践方案实施的能力	3.33	1.15

		项　　目	平均数	标准差
实践创新素养	适应挑战	分析清楚客观条件并安排计划的能力	3.43	1.10
		根据实际情况灵活地调整计划的能力	3.56	1.12
		与别人合作完成实践任务的能力	3.39	1.20
		所有项总和	3.41	0.88

　　数据发现,高中生无论是责任担当素养、实践创新素养两大核心指标的总均分,还是社会责任、国家认同、国际理解、参政意识及能力、日常活动、问题解决、适应挑战等7个一级指标及其相对应的40个二级指标的均分,皆高于理论中值3分,这说明目前上海市高中生社会参与素养的整体水平良好。近年来,随着素质教育的推进及中学生发展核心素养的提出,作为核心素养的一个重要组成部分的社会参与素养得到各学校的重视,如通过思想政治课堂教授、社会实践活动、研究性学习等多种途径,以培养高中生的社会参与素养。不过通过成绩,我们也应该清晰地注意到:虽然社会参与素养的整体水平良好,40个二级指标中有31个的均分高于3分,但其中,责任担当素养中的8个二级指标及其一级指标社会责任、国家认同、国际理解、参政意识及能力的总均分都在3和3.5之间(满分4分);实践创新素养中的19个二级指标及其一级指标日常活动、问题解决、适应挑战的总均分都在3(不确定)和4(基本符合)之间;两大核心指标下属的一级指标中,分别是国家认同和问题解决指标得分相对较高,但也仅达到3.16和3.48。由此可见,高中生社会参与素养还有很大待提升的空间。此外,责任担当素养中的8个二级指标以及实践创新素养中的1个二级指标的得分较差,未达到3分,社会参与素养的培育甚有必要。

第二节 学生社会参与素养的内部指标分布存在差异

学生社会参与素养统计总表(表2-3)显示,责任担当素养各项指标均高于3分(满分4分),处于良好水平;实践创新素养各项指标均高于3分(满分5分),处于较好水平。可以看出,上海市高中生社会参与素养水平较高,但其分布存在着差异。

表2-3 学生社会参与素养统计总表

	项 目	平均数	标准差
责任担当素养	社会责任	3.10	0.61
	国家认同	3.16	0.44
	国际理解	3.10	0.53
	参政意识及能力	3.06	0.39
实践创新素养	日常活动	3.39	0.54
	问题解决	3.48	0.23
	适应挑战	3.41	0.21

一、学生个体差异

表2-3显示,责任担当素养和实践创新素养的标准差分布在0.21—0.61之间,这表明个体间的离散程度较大,部分个体的得分数值与平均值之间差异较大,这说明学生责任担当素养和实践创新素养方面有较大的个体差异。访谈调查和教师的评估也论证了不同学生个体社会参与素养发展存在很大差异。参与调研的老师反映,在课题研究课程中,有的学生能敏锐地发现社会问题并按照老师的研究方法指导迅速抓住调研重点,而有的学生连发现问题的基本意识都有所欠

缺。这说明学生的社会参与素养除了依靠学校培养外,还与家庭环境、之前接受的教育有着较大关系。

二、素养组群差异

从责任担当素养各项指标的平均数上看,参政意识及能力方面得分最低,平均分值为 3.06;社会责任和国际理解指标得分位于中等水平,平均分值均为 3.10;国家认同方面相对较高,得分为 3.16。参政意识及能力方面的分值较低,主要是由于"对政府发展建议的做法"一项中分值明显偏低,说明大部分学生对政府建言献策的做法和途径疏于了解。从实践创新素养各项指标的平均分数上看,三者相差不大,但日常活动方面的实践创新能力得分最低,平均分值为 3.39;适应挑战方面的实践创新能力得分处于中等水平,平均分值为 3.41;问题解决方面的实践创新能力得分平均数相对较高,为 3.48。日常活动方面的分值较低,主要是由于"活动和团队中的领导能力"一项分值明显偏低,大部分学生缺乏在学习生活和社会生活中的组织领导角色体验,而这种锻炼机会更多存在于学生工作和社团活动之中。

第三节 学生社会参与素养的性别与年级差异

一、性别差异

在责任担当素养方面,女生在社会责任、国家认同、国际理解、参政意识及能力四个方面的发展水平稍高,平均分数是 3.17,比男生高出 0.07;相反,在实践创新素养方面,男生在日常活动、问题解决、适应挑战三个方面的发展水平平均分数为3.54,比女生高出 0.20,尤其是问题解决方面的平均分数高出女生 0.31,说明男生在实践创新能力上尤其是问题解决方面有较高发展水平,详细数据见表 2-4 和表 2-5。

表 2-4 不同性别学生社会参与素养具体项目统计表

项 目		性 别	平均数	标准差	T 值(F 值)
责任担当素养	社会责任	男	3.06	0.41	-1.16*
		女	3.13	0.47	
	国家认同	男	3.13	0.33	-2.21*
		女	3.19	0.41	
	国际理解	男	3.24	0.28	-1.19**
		女	3.32	0.39	
	参政意识及能力	男	2.98	0.26	-0.43*
		女	3.04	0.29	
实践创新素养	日常活动	男	3.48	0.35	1.52**
		女	3.33	0.39	
	问题解决	男	3.65	0.47	3.11**
		女	3.34	0.19	
	适应挑战	男	3.48	0.20	2.32*
		女	3.36	0.09	

注:*表示在 0.05 显著性水平上有差异;**表示在 0.01 显著性水平上有差异

从表 2-4 标准差数据可以看出,男生在问题解决、适应挑战两个项目中的标准差值高于女生,女生在责任担当素养的四个项目以及日常活动项目中的标准差高于男生,这表明男生个体在问题解决、适应挑战两个项目中的得分数值差异大于女生,女生个体在责任担当素养的四个项目以及日常活动项目中的得分数值差异大于男生。从显著性水平可以看出,社会责任、国家认同、参政意识及能力、适应挑战四个项目指标的得分中,男女生在 0.05 显著性水平上有差异;国际理解、日常活动、问题解决三个项目指标的得分中,男女生在 0.01 显著性水平上有差异。表明从性别上看,男生和女生责任担当素养和实践创新素养两个方面的得分均存在显著性差异。

表 2-5　不同性别学生社会参与素养均值表

	性　别	平均数	标准差	T 值(F 值)
责任担当素养	男	3.10	0.09	-3.21*
	女	3.17	0.10	
实践创新素养	男	3.54	0.08	1.32**
	女	3.34	0.01	
社会参与素养	男	3.32	0.23	2.15
	女	3.26	0.12	

注 1:＊表示在 0.05 显著性水平上有差异;＊＊表示在 0.01 显著性水平上有差异
注 2:数据通过表 2-4 数据整理和处理

从表 2-5 标准差数据可以看出,男生在实践创新素养和总体的社会参与素养中的标准差值高于女生,女生在责任担当素养中的标准差值高于男生,说明男生个体在社会参与素养尤其是实践创新素养中的得分数值差异大于女生,女生个体在责任担当素养的得分数值差异大于男生。从显著性水平可以看出,责任担当素养的得分中,男女生在 0.05 显著性水平上有差异,实践创新素养的得分中,男女生在 0.01 显著性水平上有差异,社会参与素养总得分中,男女生不存在显著性差异,表明从性别上看,男生和女生在社会参与素养总水平中不存在显著性差异,但是在责任担当素养和实践创新素养两个方面的得分均存在显著性差异。

总的来看,男生与女生在一些社会参与素养指标上的不同表现,基本符合社会心理学中对于男女两性差异的描述,如正常而言,女同学确实因为具有更强的非言语交流能力而普遍具有较强的责任担当素养;而男同学则会因为更具有攻击性,或者在学校角色中的强者定位而具有更强实践创新能力等。当然,这也不是必然因素,还有很多因素没有详加考察。

二、年级差异

在责任担当素养方面,高一、高二学生在社会责任、国家认同、国际理解、参政意识及能力四个项目中的得分不存在显著的差异性,但其与高三学生存在显著差异,详见表2-6。

表2-6　不同年级学生社会参与素养具体项目统计表

	项　目	年　级	平均数	标准差	T值(F值)
责任担当素养	社会责任	高一	3.04	0.43	4.43**
		高二	2.98	0.48	
		高三	3.32	0.40	
	国家认同	高一	3.09	0.40	0.97*
		高二	3.08	0.38	
		高三	3.31	0.30	
	国际理解	高一	3.20	0.27	1.17*
		高二	3.24	0.28	
		高三	3.40	0.29	
	参政意识及能力	高一	3.01	0.36	1.42*
		高二	2.91	0.45	
		高三	3.18	0.38	
实践创新素养	日常活动	高一	3.26	0.28	3.76**
		高二	3.52	0.22	
		高三	3.54	0.24	

项　目		年　级	平均数	标准差	T值(F值)
实践创新素养	问题解决	高一	3.35	0.09	4.21**
		高二	3.58	0.07	
		高三	3.66	0.07	
	适应挑战	高一	3.29	0.07	2.48*
		高二	3.51	0.16	
		高三	3.55	0.10	

注：* 表示在 0.05 显著性水平上有差异；** 表示在 0.01 显著性水平上有差异

高三学生在责任担当素养中的四个项目的总得分显著高于高一、高二学生，平均分数是 3.30，比高一、高二学生分别高出 0.21、0.25；从实践创新素养来看，高二、高三学生在日常活动、问题解决、适应挑战三个项目中的得分不存在显著的差异性，但与高一学生存在显著差异，高二、高三学生在此三项的总得分平均数 3.54、3.58，显著高出高一学生 0.24、0.28。说明高三学生在责任担当素养和实践创新素养两个方面均有较高发展水平。具体数据见下表 2-7。

表 2-7　不同年级学生社会参与素养均值表

	年　级	平均数	标准差	T值(F值)
责任担当素养	高一	3.08	0.07	-3.21*
	高二	3.05	0.13	
	高三	3.30	0.08	
实践创新素养	高一	3.30	0.04	1.58**
	高二	3.54	0.03	
	高三	3.58	0.06	
社会参与素养	高一	3.19	0.12	2.25*
	高二	3.29	0.26	
	高三	3.44	0.15	

注1：* 表示在 0.05 显著性水平上有差异；** 表示在 0.01 显著性水平上有差异
注2：数据通过表 2-6 数据整理和处理

数据发现,社会参与素养总均分存在显著的年级差异,不存在显著的性别差异;从得分来看,两大核心指标呈现随年级升高而水平提升的总体趋势,女生的责任担当素养水平显著较高,男生的实践创新素养水平显著较高。

在年级上,高三年级学生的社会参与素养发展水平最高,显著高于高一、高二年级,高二年级学生的责任担当素养发展水平处于最低状态,高一年级学生的实践创新素养发展水平处于最低状态。究其原因,一方面,随着年级的升高,学生不断接受学校教育,自身的文化水平提高促进了社会参与素养的发展。国外研究表明,只有在受过一定程度的教育之后才能掌握丰富的实际生活技巧,树立端正的社会价值观,提高自身参与社会的综合能力。另一方面,也可能与高中各年级德育及思想政治课的侧重点不同有关,在学生不断适应高中生活的过程中,学校逐步在知识教授的基础上增加更多的实践体验。伴随着成长和实践经历,学生的社会参与素养有所提升。但需注意的是,高二年级学生的责任担当素养呈现出微弱劣势,可能与学校在政治引导方面的知识传递和实践体验活动不够突出甚至缺乏有关系。

在性别上,男生的社会参与素养水平略高于女生,实践创新素养水平显著高于女生,而女生的责任担当素养水平略高于男生。这可能由于男女生身心发展水平不一致和社会文化因素的影响,青少年阶段,女生的非言语交流能力更强而体现出比男生更高的责任担当素养,男生的攻击性及在社会角色中的强者定位使其在实践创新中有更好的表现。总的来说,男女高中生在社会参与素养上不存在总体水平的差异,其显著差异主要是结构性的。

第四节　社团与学生社会参与素养的关系密切

调研中,我们发现参与社团与否与学生的社会参与素养发展水平存在着显著相关性。

在责任担当素养方面,参与模拟政协社团的学生在社会责任、国家认同、国际理解、参政意识及能力四个项目中的得分平均数值为3.30,显著高出未参与社团、参与其他社团的学生0.19、0.16。另外,未参与社团的学生与参与其他社团的学生之间也有一定的差异。

在实践创新素养方面,参与模拟政协社团的学生在日常活动、问题解决、适应挑战三个项目中的得分平均3.86,同样显著高于其他学生,分别高出未参与社团、参与其他社团的学生0.51、0.43。同样,未参与社团的学生与参与其他社团的学生在问题解决项目中也有一定的差异性,在日常生活、适应挑战这两个项目中参与其他社团的学生得分显著高于未参与社团的学生。说明参与社团的学生在责任担当素养和实践创新素养两个方面均有较高发展水平,尤其是参与模拟政协社团的学生社会参与素养水平尤为突出。具体数据参见表2-8和表2-9。

表2-8　不同社团参与情况的学生社会参与素养具体项目统计表

	项　目	社团情况	平均数	标准差	T值(F值)
责任担当素养	社会责任	未参与	3.01	0.46	0.73[*]
		模拟政协	3.29	0.37	
		其他	3.14	0.43	
	国家认同	未参与	3.12	0.36	1.85[*]
		模拟政协	3.33	0.36	
		其他	3.17	0.35	

项　目		社团情况	平均数	标准差	T值（F值）
责任担当素养	国际理解	未参与	3.28	0.29	0.99*
		模拟政协	3.37	0.29	
		其他	3.28	0.28	
	参政意识及能力	未参与	3.01	0.39	1.69*
		模拟政协	3.19	0.38	
		其他	2.98	0.42	
实践创新素养	日常活动	未参与	3.30	0.29	5.39**
		模拟政协	3.86	0.25	
		其他	3.41	0.24	
	问题解决	未参与	3.44	0.09	4.86**
		模拟政协	3.81	0.07	
		其他	3.45	0.09	
	适应挑战	未参与	3.01	0.46	3.14*
		模拟政协	3.29	0.37	
		其他	3.14	0.43	

注：＊表示在 0.05 显著性水平上有差异；＊＊表示在 0.01 显著性水平上有差异

表 2-9　社团参与和学生社会参与素养相关性均值表

	社团情况	平均数	标准差	T值（F值）
责任担当素养	未参与	3.11	0.11	1.04*
	模拟政协	3.30	0.07	
	其他	3.14	0.11	
实践创新素养	未参与	3.35	0.07	2.54**
	模拟政协	3.86	0.04	
	其他	3.43	0.02	
社会参与素养	未参与	3.23	0.15	0.565*
	模拟政协	3.58	0.28	
	其他	3.29	0.16	

注1：＊表示在 0.05 显著性水平上有差异；＊＊表示在 0.01 显著性水平上有差异
注2：数据通过表 2-8 数据整理和处理。

从调查数据表可以看出,参与社团的学生在责任担当素养和实践创新素养方面都有良好表现,参与诸如模拟政协、模拟联合国等社团的学生有更突出的社会参与素养水平。

数据发现,与未参与社团的学生相比,参与社团的学生无论是在社会参与素养总体水平上,还是在责任担当素养和实践创新素养两大核心指标中都有显著较好的水平,参与诸如模拟政协等社团的学生的表现更加突出。可见,高中生参与社团对其社会参与素养提升有一定的积极影响。

根据生活认识论,学生所学到的知识结合其在实际社会生活中的实践活动,帮助指导了学生合理运用所学的知识分析和解决自己在现实的社会生活中遇到的实际问题,从而使学生形成社会参与的能力。结合观察和访谈发现,善于从具体活动和积极经验中反思的学生,具有较高的社会参与素养。参与社团过程中,学生的主体性得以实现,通过社会调查、志愿活动、服务学习、角色体验等一系列自主活动中的探索和实践,他们的责任担当意识得到了提高,实践创新能力得到了巩固。而模拟政协活动是一种以实践性任务为主导,通过合作探究、协商讨论、社会调查、角色扮演等方式,[1] 以模拟人民政协提案为平台的实践活动,与其他的社团活动相比,更强调社会性和生活性,并且具有一定的政治引导性,对学生社会参与素养的提升具有更好的针对性。

但需要指出的是,社团参与情况与社会参与素养存在的正向相关关系不一定代表两者之间存在着直接的因果关系,并不能由此即得出,因为参与社团,社会参与素养就高,或者社会参与素养越高,该学生参与社团的可能性越大,也会存在其他因素对其产生影响。

1　华厦.高中思想政治课如何"翻转"——以中学生"模拟政协"活动为例[J].思想政治课教学,2017(07):26.

第三章

我国高中生社会参与素养培育的实践考察

我国高中对于学生社会参与素养培育的逻辑有三条线：认知、体验和行为。各高中都试图把这三条线有机地整合起来，构成各自社会参与培育的模式。从课程角度看，转变思政课教学理念以支撑社会参与素养的生成、充分挖掘教材资源以鼓励学生全方位的社会参与、挖掘教学内容的公共生活主题并合理转换教材语言是常见的三种形态。从社会实践形式看，主要包括参与社会调查研究、开展志愿服务活动和开展研学深度体验等形态。

上一章内容较为系统地调查了上海市高中生社会参与素养的基本情况,从数据角度发现问题,启发思维。调查的最终目的是为进一步推进研究打下坚实的实证基础。从我们了解到的情况来看,我国部分地区的教学已经广泛开展了提升学生社会参与实践的活动。从我们文献分析和调研所掌握的情况看,我国高中对于学生社会参与素养培育的逻辑有三条线:认知、体验和行为。各高中都试图把这三条线有机地整合起来,构成各自社会参与培育的模式。从课程角度看,转变思政课教学理念以支撑社会参与素养的生成、充分挖掘教材资源以鼓励学生全方位的社会参与、挖掘教学内容的公共生活主题并合理转换教材语言是常见的三种形态。从社会实践形式看,主要包括参与社会调查研究、开展志愿服务活动和开展研学深度体验等形态。

第一节 高中生社会参与素养培育的基本逻辑

从我们文献分析和调研所掌握的情况看,我国高中对于学生社会参与素养培育的逻辑有三条线:认知、体验和行为。各高中都试图把这三条线有机的整合起来,构成各自社会参与培育的模式。

一、深化社会参与素养培育认知

在社会参与素养培育过程中,如果熟知参与程序、遵守参与规则、掌握参与技巧、承担参与责任,并对所参与的公共事务的当下状况、未来的发展走向等有完整清晰的认知,就能取得较为满意的参与体验。若缺乏参与认知,则难以达到应有的教育效果。因而,参与认知被认为是社会参与的前提与基础。

通常认为,认知就是指人们获得知识或运用知识的过程,参与认知即对社会参与这一特定活动的认识和把握。它可以分为两类认知:事实认知和价值认知。从社会参与素养培育的角度来看,这两种认知的实际内涵和外延有一定的差异。

事实认知主要是对既定社会参与活动的参与程序、规则等有较为清晰的认识和把握，这类认知类似于课堂教学中的知道、阐述层级的基本要求，它指向的是把握事实。而价值认知则不同，在社会参与培育过程中，它要求学生对于所参与的社会公共事务做出正确与否的价值判断，即探知社会参与活动背后蕴含的社会伦理价值，这是非常高的认知要求，如果学生能够达到这个认知境界，社会参与可以说是水到渠成。

在文献调研中，我们发现有的学校借用学习认知理论来构建自身的特色社会参与素养培育行为。认知理论强调的是学习活动不是外界环境作用于学生而被动形成的刺激反应特性，而是依靠主体主动在头脑中进行知识整体与各个部分的完形构造，并通过理解，形成认知结构。[1] 我们看来，教育活动应该最大限度地促进学生主动地形成认知结构。从这个角度说，社会生活所有涉及的方面都能成为社会参与所必备的知识来源，只不过学生需要进行主动的加工构造，所以大部分学校对于社会参与认知的施力度还是非常高的。比如上海交通大学附属中学、江苏省常州高级中学、东北育才学校、上海理工大学附属中学、江苏省宜兴中学、湖北武汉中学等都有提出相应的观点。

因此，我们在开展类似研究的时候，也是要充分进行社会知识的获取与把握，学生社会参与面对的是感性的、多变的现实社会，这要求他们不但要了解包括但不限于思想政治学科中关于社会参与的知识，还要将其灵活运用于实践中。如我们在与学生对相关社会问题进行分析讨论的时候，有的学生就会提出"我们如何改进"等话题；在面对消费者维权、劳动者维权、香港蒙面法等问题，学生非常容易基于某个特殊情境，请教"如何参与其中，起到相应的作用"，这个时候，我们又不能阻碍他们这种强烈的参与意识，就需要对学生进行社会参与知识引导，如告知学生可以参与的途径等。值得指出的是，社会参与必须保持在一个合理的限度内，所有的公共决策、公共管理和公共政策的实施实质上都伴随着一些决策质量的要求，这些质量要求可能是科学的技术创新，调研数据的充分和实事求是等。所有这些都意味着学生在保持社会参与热情的同时，需要对意图参与的社

1　郭黎岩. 心理学[M]. 南京：南京大学出版社，2002：408.

会事务的公众参与可行性做出把握和判断，用理性精神、实践创新能力规范社会参与。

二、强化社会参与素养培育体验

西方积极教育提出，发展学生积极品质最有效的途径是增进学生的积极体验[1]，当获得快乐和幸福的体验之后，学生会产生更加强烈的动机和提出更高的自我发展要求，这种要求来自自身而非外在强制，因此也更持久、更稳定、更容易内化为主体的某种品格。所以参与体验，对于学生社会参与素养的培育极为重要。

我们通常把外界事物、情景引起的人们的内心感受或亲身经历，称为体验。哲学家狄尔泰认为，"体验是生命存在的一种方式，体验不是一种外在的、形式性的东西，它是指一种内在的、独有的、发自内心的、和生命生存相联系着的行为，是对生命、对人生、对生活的感发和体悟"[2]。

社会参与行为一般不是来自法律法规的义务性规定，而是公民自主选择、自主谋划，源自内心的公共性品质的自然表露，换言之，它必须是自愿、自觉的。这就意味着那种仅仅传递知识的教会顺从的教育方式不被适用，社会参与的自主性要求构建一种主体式的、参与式的体验生成的积极品质。因而，参与体验既是社会参与素养培育的发端和切入点，又贯穿于教育的全过程。

参与体验分为创设情景进行模拟体验和直接参与进行亲身体验两个基本类型。创设情景进行模拟体验是指在创设的特定场景中，通过角色扮演将自己暂时代入和融入设定的角色中，在与其他扮演者的模拟互动中，获得对所扮演角色的认识和体悟，如很多高中开展的模拟联合国、模拟政协、中学生模拟社区等。直接参与进行亲身体验则是真实地参与到社会生活中，参与行为既是体验学习的过程，同时又对社会事务发挥切实影响。如通过学校的学生会参与学校公共事务管理、班级委员会成员进行直接班级管理等。这两种方式各有优缺点，我们应该取其优势、避其缺陷。

1　任俊.西方积极教育思想探析[J].外国教育研究,2016(05)：3-4.
2　张旗.实务性课程体验式教学设计[J].扬州大学学报(高教研究版),2011,15(05)：82.

为什么参与的体验能够增进学生的公共参与品质,进而能够提升学生的社会参与素养? 我们认为有以下两个原因:

一方面,参与体验有利于公共意识的形成。所谓公共意识就是指学生具有的热情、真诚、爱心、奉献等积极态度和品质,以及能够主动站在公共立场参与社会事务的公共精神和公共理性。每个个体与生俱来拥有自我保存、关心自我生存的个体理性,每个人都对自己负责,为自己的利益精心筹划,正如 2019 年流行语中的"我不管你怎么想,我只要我怎么想"这句话一样。然而,社会参与要求个体摆脱原初的自我中心状态,为他人、为社会担负起责任,所以,各地开展的"模拟"类型的各种活动就是在引导个体超越孤立的存在,尽可能地为共同体出力,为公共利益考虑。由个体理性到社会公共理性,不是通过说教和灌输就能达到的。

另一方面,参与体验能促进社会参与知识向实际参与行动转化。古语说"为,穷知而悬于欲也",即人的行为活动既要知识的支撑,又同情感欲望不可分。公共素养的内化、社会参与知识的掌握,乃至社会参与行为的发生,都在相当大的程度上和极广范围内是情感的结晶。在参与体验中,产生的集体荣誉感、公共利益的义务感都促使个体将已经获得的公共美德、社会参与知识转化为社会参与行动。

三、外化社会参与素养培育行为

"参与行为"和"参与体验"有什么不同? 我们认为参与行为有两方面特征:一是强调主观态度和行为的积极性,表现为自主、自愿、有计划地参与社会生活,而参与体验中参与活动的选择和活动过程的组织一定程度上尚依赖教育者指引,是被动的参与;二是更为突出参与的社会性,即在这个环节为学生提供大量参与社会事务实践的机会,以践行社会参与知识、技能与素养。

为什么很多学校注重参与行为这种外在的表现? 事实上,社会参与素养培育的最终目标就是唤起学生的社会参与精神,形成社会责任意识、国家认同感、国际理解能力、参政意识及能力,与此同时培育养成学生的实践创新能力,使学生成长为能够参与社会生活的人,即促成其社会参与行为。如果说参与体验和参与认知是为了培养学生的社会参与素养,帮助学生构建社会参与所需要的知识体系,帮助学生在现实生活中不断运用这些知识和能力解决实际问题的话，那么参与行为就是一张"考试卷"和"量化表"，可以评价认知和体验的效果。

参与行为有利于深化社会参与知识的理解，促进社会参与知识和素养集成。在学校思想政治课程和各种活动中获取社会参与知识是非常必要的，但仅仅局限于学校还不够，还必须联系当前社会生活实际，加强在学校习得的知识与社会的对接，从而促进知识和素养的系统集成。离开实际，参与行为的公共知识和能力只能是浅尝辄止的。"学生们在一个受到保护的、没有任何物质忧虑的空间里封闭了三四年，他们对于世界的了解差不多仅限于他们从书本里学来的东西。从本质上来说，对这样的青年学生施加压力就等于是生产发育不太健全的虚假的智者。"[1]因此，学生掌握的社会参与知识一旦丧失对活生生的社会生活的感知，就会成为僵死的教条，必定是"纸上谈兵"。

参与行为有利于提升社会参与的自觉性。成功的社会参与要求个体具备联合他人的能力，这种能力一定程度上有助于发展社会参与素养。"如果人们不努力倾听他人的观点或包容他人的需要，就不可能在政治生活中取得成功"[2]，参与的实际行动促使学生从一己之私的狭隘视域中走出来，考虑他人的利益，包容观点上的歧见，从而把个体理性扩展到社会领域。社会参与行为一般都是自愿的，这种自愿组成的非强制性的参与过程却比法定约束更能锻炼学生的社会责任感和国家认同感。

1 （法）布尔迪厄. 国家精英——名牌大学与群体精神［M］. 杨亚平，译. 北京：商务印书馆，2005：148.
2 （加）威尔·金里卡. 当代政治哲学［M］. 刘莘，译. 上海：上海三联书店，2003：549.

第二节　高中生社会参与素养培育的课程形式

通过思想政治课教学来培育学生的社会参与意识,也是当下我国高中较为常见的一种现象,我们称之为社会参与素养培育的课程形式。

一、转变思政课教学理念以支撑社会参与素养的生成

高中思想政治课程培育社会参与素养关键的问题是要改变现有课程教学理念,即教学理念的改变是着眼点。《普通高中思想政治课程标准(2017 年版)》对于提升学生社会参与素养有重大指导意义。那么,从思政课的教育角度来看,需要转变的理念主要有两点。

(一) 从"教师中心"到"学生参与"

传统思想政治课教学总体上还是基于考试的,以理论的讲授为主,强调的是教师主导的课堂教学。在新的教育教学改革的形势下,在课堂中提升学生的社会参与意识和素养必须要强调学生的主动参与,要从课堂教学最基本理念的转变开始。这种转变主要体现在如下方面:

一是教学过程中,立足生活世界,重视学习内容与现实的联系。课堂教学中的社会参与,首要条件就是要激发学生对政治课的兴趣,如果不激发学生的兴趣,那么所有的设想都不能落到实处。因此,"要激发学生对政治课的兴趣,就必须把生活中学生熟悉的场景、事例和课本知识结合起来,沟通已有的生活经验和政治学科的联系,把枯燥的知识变得鲜活,抽象的问题变得具体,从而使学生迫不及待地进入课堂。思想政治课还应延伸资源深度和广度,引导学生融入生活,接触社会,关心国家发展,提高公共参与能力"[1]。例如,有的老师在政治课堂教学中,把

1　张进林. 有效教学,提升公共参与素养[N/OL]. 梅州日报,2018 - 10 - 1(4)[2020 - 02 - 28]. http://mzrb. meizhou. cn/html/2018 - 10/01/content_195983. htm.

近期社会的猪肉涨价现象与课堂教学的市场机制相联系,让学生用市场调节的三大机制来解释这种经济现象。在讲述新发展理念的时候,有的老师把身边的共享单车、共享充电宝等进行有机结合。来自身边的生活案例激发了学生参与讨论的兴致,教师在完成教学任务的同时,在潜移默化中让学生开始关注社会及相关现象。

二是要营造交往、对话、协商的教学方式。思想政治课程教学应该正面回应实际公共参与中相关问题的挑战,而沟通、讨论和协商的教学理念应该成为其中一条重要的思路。通过这种方式,可以提升学生思维的敏捷性和判断的准确性,培养学生面对复杂公共事务时运用理性精神独立思考、自由批判、做出选择的能力。在调研过程中,我们了解到很多老师采用师生辩论的教学方式,以此营造一种平等、对话看待问题的视角,所选择的题目一般都是社会热点问题,如:中美贸易摩擦的利弊,我国发扬传统文化是利大于弊还是弊大于利……通过引入社会热点话题,基于相关的材料情境,来提升学生参与社会问题讨论的能力。但应认识到这种论辩其实是有明确导向意图的,作为未踏入社会的学生,他们尚不能十分准确地认识与评判社会现象,偶尔会受到公共领域不良思想的影响。因此,非常有必要进行主动的引导和施加影响。

三是要发挥教师在公共参与教学的主导作用。当下,我们进入社会主义发展的新时代,高中教育自然而然也迈入了新时代,进入新时代意味着传统的教学模式,例如填鸭式教学、灌输式教学,进入一个迅速减值的过程,已经渐渐退出历史舞台,取而代之的是以学生为中心,激发学生学习力的教学新模式。以往在高中思想政治的课堂上,学生在接收新知识时,大部分是由授课教师讲授,少部分依靠学生课后对知识的巩固和消化。与传统模式完全相反,现在要求学生在课堂学习的知识是小部分,很大部分知识需要学生在课后或实践中学习完成。这个背景要求下,在高中生社会参与活动中,给我们的启发就是教师要充分发挥主导作用,积极引导学生参与公共性活动,使学生发自内心地喜欢参与社会公共性活动,积极投身社会公共事业的实践中,而不是局限于课堂教学。

(二) 从"个人视角"到"公共立场"

2017 年版的思想政治课程标准在课程目标的界定中,非常明确地提出"具有公共参与素养的学生,应能够:具有集体主义精神;遵循规则,有序参与公共事务;热心公益事业,践行公共道德,乐于为人民服务;积极参与民主选举、民主协商、民主决策、民主管理、民主监督的实践,体验人民当家作主的幸福感;具备善于对话协商、沟通合作、表达诉求和解决问题的能力,勇于担当社会责任"[1]。

从中可以看出思想政治课程应该培养具有公共关怀意识、公共参与能力的公民。尽管在现行的思想政治教科书中涉及部分学生参与的内容,但在教学实际中,很多老师依然缺乏公共性的立场,把思想政治课程看作是一门帮助学生成才成功的学问,主要目的是应付等级考试和通过合格性考试。很多老师的课堂教学就按照考纲逐个学习,有的学生甚至感言:"政治只要考试通过,以后再也不会去看了。""除了背书、背知识点,我们就没有其他了吗?"还有一部分老师习惯于"引诱"学生好好上课,通过简单的、甚至"庸俗"的手段来使课堂"富有生机",如经济生活教学生怎么赚钱、政治生活教学生怎么从政、文化生活教学生怎么品味生活、哲学生活教学生怎么正确把握人生等。这些问题确实应该是要引导学生学会,并理解和践行,但从个性和公共性角度来看,这都是学生个人的问题,所教所学都是与学生自身的利益相关而不是与社会群体的利益密切相关,这与现代公民应该具有的公共视野相差甚远。

思想政治课程的主要任务是培养具有大情怀、大视野的社会公共人。学生个体所取得成功的技巧和经验,以及存在的心理健康教育问题也可以作为思想政治课程教学的一个部分,但绝不应该成为思想政治课程教学的主要目标。从这个意义上说,思想政治课程的教学理念需由个人视角转向公共立场,让学生在公共领域的广阔空间中得到历练,用切身体悟和经历增进公共情怀。

二、充分挖掘教材资源以鼓励学生全方位的社会参与

新课标强调要引导学生紧密结合与自己息息相关的经济、政治、文化生活,经历探究学习和社会实践的过程,领悟辩证唯物主义和历史唯物主义的基本观点和方

1　中华人民共和国教育部. 普通高中思想政治课程标准(2017 年版)［M］.北京：人民教育出版社,2018：7.

法,切实提高参与现代社会生活的能力。这就要求教师认真研读教材,挖掘其中可以让学生充分参与社会生活的链接点,鼓励学生了解国家的政治、经济和文化现状,并通过各种途径、方式进行政治、经济和文化参与。新课标设定的学业质量水平二中,对于学生社会参与指标的描述是:"举例说明各领域、各层级公共机构与公民生活的关系,并表达对这些机构的工作方式和规则的期望;针对人们当前关注的公共事务,评议政府履行职责的行为;解释基层群众自治的价值,阐述公民有序参与、直接行使民主权利的意义;分享公共参与的体验,表达参与公益事业的幸福感和成就感;评析公共参与的实例,展现我国人民的主人翁意识和社会责任感。"[1]

这一系列的行为动词给我们的启发是非常明晰的,就是要依据这些行为动词充分挖掘教材的内容、问题链等,切实增强学生洞悉生活和参与社会的意识与能力。要实现这一目标,必须要进行单元设计与规划。如经济常识,教师可以组织学生开展价格调查,分析影响价格的因素;也可以让学生了解就业形势,做好职业规划;还可以鼓励学生关注、了解和评价社会经济现象、经济形势、国家重大的经济决策等,把握国家宏观经济发展趋势,为本地发展献计献策等。在政治常识教学中,教师可以引导学生积极参加班集体和学校社团活动;关心社区管理事务,了解公共决策程序;对于相关问题,通过网络信息的收集、归纳与整理,发表自己的观点;通过党团组织、人大代表、政协委员建言献策;积极参与所在地区的人大代表选举等,让学生树立较强的社会责任感和使命感,行使当家作主的权利,履行公民的义务,形成正确的政治观点,培养良好的政治素养,坚持正确的政治方向。

三、挖掘教学内容的公共生活主题合理转换教材语言

相对于教材的抽象语言表达方式,现实公共生活案例会更引起学生的兴趣。所以,可以以公共生活中的内容为主题,阐释教材的内容,转换教材的书面语言,

---

1　中华人民共和国教育部.普通高中思想政治课程标准(2017 年版)[M].北京:人民教育出版社,2018:37.

这样更容易为学生所感知理解。

以人民教育出版社 2018 年出版的《普通高中课程标准实验教科书·思想政治·必修 2(政治生活)》的第二课"我国公民的政治参与"的内容为例,从教材上来看,该课分别叙述了民主选举、民主决策、民主管理、民主监督等概念、价值和相关渠道,但这样的阐述很难让学生弄清楚政治参与究竟是什么、政治参与是怎样一种经历,也难以激发学生参与的愿望。这就需要教师寻找合适的教学素材,将教材的叙述方式转换过来,换做学生能够理解和感知的生活主题。

以某位老师讲授该课的第四框"民主管理:共创幸福生活"的教学内容为例[1],我们来看看这位老师是怎样处理教材语言转换的?

 主题 1:我要参与

镜头一:疯玩、昏睡、上各种培训班,这是高一年级某班吴同学以往假期生活的主要内容。今年,吴同学却过了一个非常有意义的春节。在学校的组织下,吴同学参加社会实践,来到居委会成了一名居委会的临时小干部,为社区出黑板报,参与社区卫生和绿化等方面的管理工作。吴同学对着镜头感慨地说:"在居委会当一名小干部,锻炼了我参与民主管理的能力,我感觉很有意义。"

镜头二:周末一早,小王和爷爷奶奶、爸爸妈妈一起参加了村里的开发果园工程。村里有许多家庭和他家一样,全家老少齐上阵。因为这个工程是村里经过村民会议讨论后定下来的,大家说:"咱们自个儿决定的事儿,干着带劲儿!"小王自豪地告诉大家:"我感到了自己存在的价值,感到自己是个对大家有用的人!"

思考问题:班里这两位同学的做法对我们有什么启示?

---

1 教育部普通高中思想政治课课程标准实验教材编写组.思想政治 2 必修 政治生活[M].北京:人民教育出版社,2018:23-26.

主题2：我会参与

视频播放（视频资料选自真实新闻纪录片）：

7月20日一大早，南疆某村的村民们就来到了村委会，参加本村2017年第二次民主生活日。不到9时，"签到本"上便写满了村民的名字。民主生活日上，村支部书记、村委会主任向参会的60名村民代表和村民汇报2017年上半年村委会班子任期承诺事项完成情况，每一项都是村委会向村民的承诺。

如今半年过去了，村民们将一一检验承诺兑现情况。村民手中拿着"党支部、村委会成员民主测评表"，在"优秀、合格、不合格"的栏目上，根据自己的判断进行测评。

60份测评表和评价表由工作人员当场收齐，迅速统计、计算，当场公布结果。村党支部、村委会成员优秀票56票、合格票4票；"两委"班子满意票54票、合格6票。村民对"两委"班子评分的平均分是95分。

对于此次评分结果村委会主任很满意："我们的努力付出，群众都能看到，这是对我们很大的鼓励，没得到满分说明在工作中还要不断完善，满足群众对我们更高的期待。"

走出民主日的会场，一位憨厚朴实的村民告诉记者："现在生活得特别满足，村里把百姓的事情都放在心上，想方设法帮我们解决。尤其是可以对村干部和'两委'工作打分，这种感觉特别好。"

问题：目前，我国实行村民自治和居民自治的法律依据是什么？自治机构是什么？自治的途径和方式有哪些？

主题3：我的参与很重要

大家议一议：请吴同学和王同学谈谈自己参与的感受与收获，同时其他学生分小组结合两位同学的亲身经历以及村民民主评议村干部的过程谈谈"我的家园我做主"的重要意义,并在下一节课以主题汇报的形式呈现出来。

这位老师围绕"共创幸福生活"这个主线,以"我要参与、我会参与、我的参与很重要——我的家园我做主"为主题进行教学实践,既有学生的亲身体验,又有视频展示,把教材中那些抽象的语言进行生活化处理,这样就可以使学生非常有效地理解教学内容,更加深刻体会到自己参与的价值与意义。

第三节　高中生社会参与素养培育的实践形式

新课程标准在实施建议中指出要积极开展多种形式的社区服务、社会调查等实践活动、时事政策教育、党团活动、班级活动等,从而使课程的实施面向学生的整个生活世界,形成网络式的教学系统,以利于全面提高学生社会参与的能力。因此,广大学校也在不断努力构建与实践相对接的开放课堂,创设学生社会参与的实践活动平台,把学生从狭隘的课堂生活中解放出来,以独立、自主的姿态参与到更为广阔的社会公共生活中,为将来进入社会做准备。

一、参与社会调查研究

很多高中采取让学生走进社会,进行社会调查,完成课题的形式提升其社会参与的意识和素养。社会调查及课题研究对培育学生社会参与素养的价值在于,通过调查研究,尤其是在参与调查的过程中分析遇到的问题、解决问题,可提高学生参与社会,认识、分析、解决社会问题的能力。在最后的问卷数据整理总结分析阶段,学生通过对所收集数据的客观分析,研究能力、创新能力可得到锻炼提升。在建议方面,能够提出针对性的改进举措。

以笔者所在学校上海交通大学附属中学为例,教师可以根据课程目标、学生实际和当地实情,组织学生走出课堂,走进生活,开展课题研究。学生研究的课题可以与当前社会的现实问题有关,也可关注国家、城市的生存境遇、自然景观。学校曾组织学生开展"地铁环境调查报告""淞沪铁路开发再利用"等课题研究,效果和反响均较好。

第四部分　理念与方案

一、淞沪铁路保护与再利用的核心理念

1. 重点突出淞沪铁路所具有的重大的历史意义

通过对淞沪铁路的开发与再利用，着重挖掘淞沪铁路及其沿线的人文景观与价值，以火车为载体，将已受到保护的吴淞站、江湾站等车站加以串联，并与其周边的"一·二八"淞沪抗战纪念馆等历史景点组成一系列的，完整而具有品牌特色的爱国主义教育基地，形成一条连贯而富有教育价值的红色旅游线路，如此，能够为铁路沿线的各大中学校与其他市民提供一个开放的近代史课堂，通过淞沪铁路的变迁，了解上海在 20 世纪所经历的风风雨雨。

2. 重点保证淞沪铁路在利用过程中的商业价值

对淞沪铁路的保护并不应该以牺牲火车通过地区的交通通畅为代价，同时对淞沪铁路的利用工程，应该同时具有一定的商业效益与公众吸引力，只有这样才能够起到淞沪铁路保护的真正价值，不再沦为纸上谈兵。

3. 重点体现铁路保护中的铁路元素

淞沪铁路的保护应该重视火车这一元素在工程中的巨大象征作用，突出铁路保护的铁路特色，而不仅仅只是将铁路保护等同于文物保护工程。

4. 重点兼顾铁路站点保护与铁路轨道应用

除了站点保护，建议应用现存的淞沪铁路铁轨，开行概念化的"新火车"。通过火车将沿途的站点与景点联系在一起，既能保证一定的交通运能，又能充分地把沿途景点有机结合在一起，将铁轨与铁道真正融入到保护中来，而不是任其废置，杂草丛生。

图 3-1　淞沪铁路保护与再利用的核心理念概括图

二、淞沪铁路保护与再利用的品牌开发

在开发淞沪铁路这一历史文化品牌的过程中,我们提出以"流动的博物馆"作为核心理念,以组合开发与特色开发作为亮点,以20世纪上海的历史变迁与普通市民的共同记忆为基础,塑造"中国第一铁路"的文化名片。

1. 景区的组合开发

旅游产品项目的开发、建设应体现人文精神,让游客紧密接触实际,以系统科学的展示来履行教育功能。而提供综合配套的服务则是工业遗产旅游产品项目的共同特征。将工业遗产旅游资源与周边非工业遗产旅游资源实施有效组合,形成特色旅游线路。德国鲁尔工业区从废弃的空置厂房到工业专题博物馆,再发展到今天的工业遗产旅游景点,相当程度上得益于一个多目标的区域综合整治规划。而现存淞沪线北端为上海淞沪抗战纪念馆,南端为上海鲁迅纪念馆,两者均为上海市重点保护单位与上海爱国主义教育示范基地,历史价值不言而喻。本方案建议这两个景点与淞沪铁路线旅游运营形成联动,并且勾连每一个站点现存设施进行区域性的开发。

2. 景区的特色开发

就淞沪铁路而言，首先，要重点打造"中国第一铁路"的形象定位，把淞沪铁路定义为对当代社会经济转型具有重大意义的工业遗产旅游目的地。其次，要打造形象口号，如"忆峥嵘岁月，看淞沪两岸"等具有鲜明特色的语言标志。第三，营销措施选择。可随着旅游项目的开发，以活动项目为单元将时间阶段剥离成若干个历史版块。如：不同时期的工业成就巡回展，上海近代历史回顾展。第四，运作市场，针对不同的参观群体进行有针对性的布展工作，如：青少年爱国主义教育专题、铁路爱好者专题等。

三、开发与再利用淞沪铁路的具体方案

1. 方案概述

在现存的江湾站至吴淞站间共10公里遗留的淞沪铁路区段，开通一列概念化的"火车"，以运行的"火车"这一"流动的博物馆"为载体，串联起北端上海淞沪抗战纪念馆、南端上海鲁迅纪念馆等景点，并在原经过车站设立开放式场景博物馆（如现在的吴淞站、江湾站）。综合而富有深度地了解淞沪铁路的历史价值，并以淞沪铁路的变迁反映上海20世纪的风雨历程。

2. 方案细节——概念化的火车

（1）火车技术规格：以地铁为参照，以内燃机或电力为动力，环保便捷，能够在现行铁路上运行，可以及时迅速地制动启动，使用红绿灯，遵守交通规则行驶；减少噪音，减低扰民程度；可以适当地减短长度以限制运行成本，维护商业效益。

（2）火车博物馆规划：火车外形模仿在淞沪铁路上运行的第一辆铁路机车——先导号（原物现在上海铁路博物馆），它为仿古的蒸汽机车。在火车内部通过现代化的展示手段，随路程的推进以时间为线索，展现淞沪铁路的变迁。展出手段既有实物实景展现，也可有小型电影的播

放,甚至可以考虑将屏幕投影在封闭的火车车厢之中,营造出身在其中的展览效果,引人入胜。此外,火车设有较大面积的玻璃观景窗,供游人观赏车外的景致。

3. 方案细节——阶段特征的火车站点

现存淞沪线沿线共有6站,分别为:江湾站;高境庙站;何家湾站;张华浜站;蕴藻浜站;吴淞站。可以考虑依时代的不同,分别修复或复建为不同时期的火车候车室的风貌,并结合历史介绍,让游人将车厢内外、车站铁轨等元素有机结合起来,让整个旅程成为对近代史的整体触摸。

4. 方案细节——路线首尾景点联动

现存淞沪线北端为上海淞沪抗战纪念馆,南端为上海鲁迅纪念馆,两者均为上海市重点保护单位与上海爱国主义教育示范基地,历史价值不言而喻。本方案建议这两个景点的门票与淞沪铁路线旅游运营形成联动,通过套票的方式运行。

5. 路线的运营方式

本方案考虑,通过预约方式进行路线的经营,面对对象既有普通市民,又有淞沪铁路沿线的大中学校,原则上以每日一车次比较适宜。

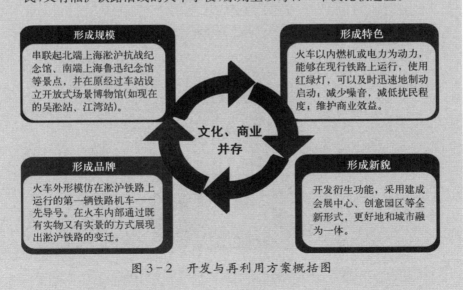

图3-2 开发与再利用方案概括图

四、开发与再利用淞沪铁路的可行性探究

课题组经调查认为开发与再利用淞沪铁路具有以下方面的问题：

相关管理层对工业文化遗产的价值认识不足，缺乏保护意识，片面理解城市现代化，在城市建设中，一味追求新建快建；

在国家层面，缺乏相关法律、法规、政策、战略和宏观部署；在地方层面，在城市改造、扩建过程中，无法可依，缺乏整体保护方案和措施；

淞沪铁路分属不同行业和不同层次的部门管理，由于体制所限，难以归入文化或文物部门统一管理，管理体制各自为政，保护标准各行其是，管理模式五花八门，不利于遗产的保护开发；

史学家在淞沪铁路保护中缺席，可能导致工业遗产在复原、展示上不能正确反映历史风貌和完整的生产过程，甚至存在严重的错误；

保护和利用的视野不宽，思路陈旧，开发创意不能很好地体现遗产本身的特性，不能巧妙地与周围环境统一融合，甚至破坏了淞沪铁路的整体性和周围环境，"保护性破坏"问题严重。

缺乏保护和开发利用资金，成为制约淞沪铁路开发与再利用的瓶颈，资金投入主体单一，渠道不畅，政策不到位。

概括起来，主要存在资金上的短缺，负责单位上的重叠与缺失，启动项目上的资源与动机不足等三个方面问题。

为了增加该项目的可行性，我们提出组合开发与特色开发的亮点理念。

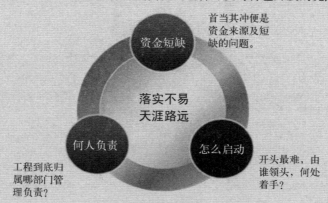

图 3-3　开发与再利用面对的三方面问题

第五部分　拓展与补充

通过对淞沪铁路保护与再利用的研究,课题组进一步探索以淞沪铁路为代表的上海工业遗存如何进一步适应现代发展,在现代城市中发挥出应有的价值。

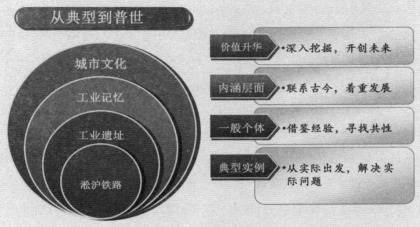

图3-4　拓展概括图

上海是近现代中国工业的肇兴之地,具有大量的近现代工业遗存与丰富内涵,并拥有能引起普通市民共鸣的工业文化,这是上海近现代工业文化开发过程中最大的优势。

淞沪铁路保护开发的最终目标就是通过其独有的历史文化价值与铁路工业载体,唤起参观者心中的记忆与共鸣,升华淞沪铁路的人文价值,这是课题组为淞沪铁路的开发规划的个性化方案。而相类似,上海的工业遗存应该结合其自身的特点,通过不同的载体与方式吸引参观者的思想共鸣。

在工业遗存的开发上,大致有城市公共空间、旅游度假地、博物馆、创意园区这四种模式。课题组认为工业遗存不同于一般文物的特点是:它是普通市民所经历接触过的。我们开发工业遗产,开发的是活的文物。它有自己新陈代谢的节奏,开发要顺势而为,最大限度地结合自身特点,与普通市民的生活与审美相适应,而不是盲目追求商业利益,门票价值,甚至是通过艺术化、小资化、故弄玄虚。应此,工业文化遗存的开发是对象大众化的,是遗址个性化的。

管子曰:"仓廪实而知礼节。"今天当物质生活空前丰富之时,文化的遗存却随着城市的扩张而不断消失,当远古的文化在人们的惋惜声中慢慢隐去时,请切勿忘记身边曾经朝夕相处的工业遗存。淞沪铁路的保护与开发,不但是淞沪铁路与近现代工业遗存的幸事,更是我们这一代人的幸事。

从这个案例可以清晰地看出,学生在选题上结合学校生活的实际(淞沪铁路途经该校),经过了充分的调研(问卷调查、现场访谈、实地考察等),发现问题,提出政策建议。学生在做课题的过程中加深和拓宽了知识面,提高了社会参与意识和活动能力,进而在潜移默化中形成对社会的认可和归属感,为今后开展社会参与活动打下了非常坚实的基础。

二、开展志愿服务活动

组织学生自我组建志愿服务社团开展社会服务活动,或者加入社会上已经存在的公益性质的非政府组织参与公共事务,可以促进学生社会参与素养的形成。学生在参与志愿服务过程中,仅根据自己的爱好、兴趣和判断,很多时候他们利用周末和节假休息时间走进社会、社区,如上海交通大学附属中学的学生长效性地到周边的高境一村、高境二村等社区帮助清扫卫生,帮助独居老人解决实际问题,协助开展社区文化宣传,调研社区管理中存在的问题等。

在志愿服务过程中,学生到远离自己原本生活的区域开展各种志愿活动,看到了更加广阔、更加全面的社会。志愿活动为学生提供了一个参与公共社会生活、发挥自身聪明才智的平台,能够促使学生自觉将自己所学知识与社会需求相结合,用自己的知识服务社会,实现学有所用。在这个过程中,没有其他"收益"的想法,不求回报,服务社会,从而形成了奉献互助的志愿精神。这种精神就是"主张奉献自己的知识和力量,传递团结友爱的正能量,实现社会成员的互帮互助,从而让我们的国家更加富强、社会更加进步、和谐。它是社会正能量的传递,通过尽自己所能帮助他人,从而服务整个社会。"[1]

 案例:滴水成海,累土成山——人大附中志愿团与志愿服务[2]

人大附中志愿团成立于 2002 年,如今已走过 12 年的时光,目前已成为人大附中校园内最具影响力的学生组织之一。在这 12 年中,我们的志愿服务活动不断深入,不仅参与志愿服务的同学越来越多,参与面越来越广,而且在志愿服务形式和服务质量上也不断创新与提升。

我校志愿团团队先后荣获北京市、海淀区的表彰。志愿团长期开展的千禾敬老院敬老服务、宋庆龄故居志愿讲解服务、同心实验学校支教服务等志愿服务均获得服务地或单位的一致好评。公益服务、志愿活动已经成为人大附中一张闪光的校园名片。

这些荣誉与奖励只是在辛勤付出后的点缀。无私的奉献,无处不在的服务才是我们的主题。志愿团自 2002 年创建以来,其规模和影响力逐渐扩大。2014 年招新后,仅高一年级就有 150 名团员。据不完全统计,本部和分校参加日常活动的同学有 300 余名。过去一年中,除了传统的日常校园服务如图书馆义工外,还有各种大型赛会服务。比如我们今年承担的北京杯国际中学生足球赛的全部赛事组织接待和后勤管理工作

1 王洋洋.志愿服务中的大学生公共参与意识培育探析[J].周口师范学院学报,2016,33(4):129.
2 梁昊玥,陈佳隆,严易.滴水成海,累土成山——人大附中志愿团与志愿服务[EB/OL].(2015 − 01 − 05)[2019 − 12 − 11].http://www.rdfz.cn/xysh/sxyl/gqxdjh/201501/t20150105_27043.html.

志愿服务。不仅如此，在校外，我们常年在宋庆龄故居、鲁迅故居进行义务讲解服务；在千禾敬老院、石景山社会福利院、松堂关怀医院开展敬老服务；在朝阳区皮村打工子弟小学开展艺术支教和捐献等。

志愿团虽然服务项目多、参与人数广，但每项活动从策划、发布、执行到总结都有着严格而明确的制度，每一项活动都有专门的负责人组成领导团队策划活动和遴选成员，以保证服务的高质量与传承性。以"宋庆龄故居服务小组"为例，这项志愿服务事迹受到中宣部的关注，在2013年秋季版的《时事课堂》中以专题片的形式呈现出来，并向全国中小学生推广。值得高兴的事还有，在一个月之前，我们收获了来自宋庆龄故居的感谢信。这是对我们的肯定，也是对于我们在接下来的志愿服务中更大的鼓励。

滴水成海，累土成山。我们每个人的力量都是有限的，但正是有这些无数志愿者的奉献，才有了今天的志愿团。在此，我们诚挚感谢各位同学的无私奉献。我们就是这样一群热爱志愿活动的学生，我们热爱我们的团队！在开学典礼上，当我们举起拳头下定决心、迎着火红的旗帜宣誓的那一刻，我们就肩负着奉献祖国的使命，我们就树立了服务社会的宗旨，我们就明确了尽己所能、不计报酬、帮助他人、奉献社会的目标，我们就牢记实行志愿精神，传播先进文化，为建设团结互助、平等友爱、共同前进的美好社会贡献力量。

过去的已然过去，而全校广大的老师与同学才是志愿活动未来的希望。我们诚挚地邀请大家，积极参加志愿活动，赠人玫瑰，手有余香。

从这个简单的志愿服务的总结中，我们可以看到社会参与的各种"指标"，如服务社会、主动践行、改变生活、奉献他人、热心公益等。因此，当下各高中学校都将志愿服务活动作为提升学生感知社会、参与社会的主要抓手。

三、开展研学深度体验

2016 年,《教育部等 11 部门关于推进中小学生研学旅行的意见》发布,该意见提出,要把学习与旅行实践相结合,把学校教育和校外教育有效衔接,强调学思结合,突出知行统一。中小学生通过研学集体旅行、集中食宿方式开展的研究性学习和旅行体验相结合的校外教育活动,是教育教学的重要内容。开展中小学生研学旅行是深化基础教育领域综合改革的重要举措,是学校教育和校外教育有效衔接的重要形式,是拓宽育人渠道、综合实践育人的有效途径;开展研学旅行,有利于促进学生践行社会主义核心价值观,引导学生主动适应社会,促进书本知识和生活经验的深度融合。

上海交通大学附属中学积极倡导学生走进社会,在体验和感悟社会的过程中实现对社会的深刻洞察。学校在全国开展研学活动之前已经进行了前往贵州遵义、贵州赫章、安徽金寨等地的零星先期试探,取得了积极成效。通过支持和鼓励学生走进社会开展研学活动,使学生进一步学会互相合作、进一步尝试动手实践、进一步感知社会,这增强了他们的社会责任感、创新精神和实践能力。

 案例:上海交通大学附属中学"砺行研学"活动总结[1]

> 我校响应教育部关于研学活动的实施意见,促进学生培育和践行社会主义核心价值观,于 2017 年 8 月 28 日至 8 月 31 日组织全体高二学生分组前往绍兴诸暨、安徽宏村和安徽金寨开展了为期四天的"砺行研学"计划。
>
> 在诸暨、宏村和金寨,同学们带着不同的问题和思考,进行研学和实践,通过行走乡村、亲手劳作、用心思考以及与队友讨论碰撞,留下了一段难忘的回忆。

1　摘录自上海交通大学附属中学学生研学案例集。

诸暨的研学活动分为文化板块、政策板块、实践板块和最终的成果汇报板块。在第一天的文化板块研学活动中，同学们先参观了鲁迅故居，三五成群的交中学子穿梭在一间间老屋中，不断探寻着鲁迅故居中那一处处看似平凡但却极有深意的生活文化细节，将课本上学过的和生活中见到的去努力地知行合一。而在严肃地思考之后，同学们的第二站则是风景如画的诸暨市。与绍兴鲁迅故居严谨的氛围不同，诸暨那江南小镇的画风则让同学们在放松之中开阔视野，寓教于游。而第二天的政策板块，则相对更有教育意义。同学们聆听了成功企业家、米果果小镇董事长陈照米先生讲话；参观了农业科普馆、乡村记忆馆等展览馆，了解了新时代农业工业化、拉长产业链等政策的意义。同学们深入了解了三次土改的政策和意义，也知道了农民的梦想和担忧，更加深刻知晓和理解了农业在新时代中国发展的基础。同学们了解了许多原来未曾涉足的领域。在实践环节中，同学们进行了珍珠剖蚌 DIY 手工制作，扦插与嫁接，参观火龙果深加工厂并参加了亲手采摘火龙果等丰富多彩的实践活动。学校还为同学们安排了林博士的健康农业讲座，同学们在知识和动手能力上均有提升。

　　与前往诸暨的同学们不同的是，去金寨学农的交中学子们则更多学习了红色革命老区的革命历史。同学们参观了金寨县革命博物馆，红军广场等革命景点；向纪念碑敬献了花篮，并全体向烈士纪念碑三鞠躬，将革命精神牢记于心。而之后进行的团队协作及农村生活体验，学子们亲近自然，亲密协作，贴近广大农民生活，自己动手增强实践能力。金寨位于大别山的腹地，由于被山区包围，这里的经济状况并不是非常理想。同学们走过被雨水打湿的泥土地，走入村里、山上的"贫困户"，了解与大城市中的学生们截然不同的生活现状，给他们送去关怀。同学们体会了在这样困难的环境中生活的不易，提醒自己在享受前人奋斗所带来的成果时，不要忘记社会上还有很多生活困窘的民众，不要忘记自己肩上的社会责任。

前往宏村的同学,则着重体验了徽州文化和宏村优美的自然风光。宏村古民居群是徽派建筑的典型代表,建筑和雕饰具有极高的艺术价值。同学们聆听讲解员的讲解,体会着宏村的自然景观风光和历史文化蕴藏。而更令同学们铭记于心的则是蔬菜基地的田间劳作。在烈日下学习蓝莓树的剪枝,同学们不但掌握了这一项农业技能,更深刻体会到宏村劳动人民的艰辛,更加明确了作为新时代学子的社会责任。行程的最后一天,同学们来到了宏村学校,进行课题汇报。汇报内容囊括了宏村的自然环境、建筑风格、徽商与宏村美食等徽文化的展示。接着,由宏村学校老师作为代表赠予了我校一面锦旗,象征着宏村学校对交中的殷切祝福及两校的深厚友谊。

在研学旅行中,同学们感受到祖国大好河山,感受到中华传统美德,感受到革命光荣历史,感受到改革开放伟大成就;同时学会了动手动脑,学会了生存生活,学会了做人做事,促进了身心健康、体魄强健、意志坚强,促进形成了正确的世界观、人生观、价值观,这些有利于培养他们成为德智体美全面发展的社会主义建设者和接班人。

从上海交通大学附属中学的总结中,我们不难看出一些关键语句,如"增强实践能力""了解与大城市中的学生们截然不同的生活现状""不要忘记自己肩上的社会责任"等描述,可以直观感受到研学活动对于提升学生社会参与素养的重要价值。研学活动是与志愿服务有一定联系,但又有区别的"新事物",从社会参与角度看,我们认为它应该有着广泛的发展前景。

第四章
模拟政协：高中生社会参与
素养提升的一个途径

模拟政协活动的开展对于提升高中生的社会参与素养有积极的推动作用。我们以中学生模拟政协活动为突破口，提出模拟政协活动促进学生社会参与素养提升的有效途径。从理论和实践角度探寻模拟政协活动与社会参与素养培育的契合度，研究模拟政协活动对于社会参与素养提升的相关性，挖掘模拟政协活动实施过程中，在高中学生社会参与素养提升方面有显著意义的活动形式或教育内容。

模拟政协活动是以中国人民政治协商会议为学习对象,借鉴其会议组织、提案形成等方面的制度规定和会议形式,结合青少年学生特点,结合高中思想政治课教学,探索创新思政教改、技能培养等方面的全新特色社会实践活动。模拟政协活动既是高中思想政治课程的一种课外实践形式,也是一种特色的社团活动。通过几年的实践与探究,我们认为模拟政协活动的开展对于提升高中生的社会参与素养有积极的推动作用。我们以中学生模拟政协活动的开展为突破口,提出模拟政协活动对促进学生社会参与素养提升的有效途径。从理论和实践角度探寻模拟政协活动与社会参与素养培育的契合度,研究模拟政协活动对于社会参与素养提升的相关性,挖掘模拟政协活动实施过程中,在高中学生社会参与素养提升方面有显著意义的活动形式或教育内容。

第一节　模拟政协活动的实施概览

近些年兴起的青少年模拟政协活动,与之前高中开展的模拟联合国活动等有一定的相似性,都强调对于真实情境的模拟。通过一系列基于真实情境的调研、撰写调研报告和模拟提案,同学们更加深刻地了解了社会生活和参与政治生活。

一、模拟政协活动的开展背景

从目前的文献收集与整理情况看,模拟政协活动开展很可能起源于 2010 年北京市的"雏鹰建言行动",这个建言行动主要试图引导中小学生在关注身边事物、关注身边生活的同时,学会建设性表达,逐步科学地表达自己的主张。这一形式的探索很快得到了全市专家、领导、中小学校以及学生的支持和响应,几年时间活动覆盖北京市 400 余所中小学校及幼儿园,提交建言 41581 条。2012 年,"雏鹰建言行动"被纳入北京市教委、市财政联合下发的《北京市基础教育阶段创新人才培养项目管理办法（试行）》中,成为人才培养方式创新模式探索的重要组成[1]。

2012 年 7 月,由致公党中央领导直接关心和倡导,在全国各级政协相关机构、教育行政部门以及教研部门的支持下,由安生教育科学研究院发起的,全国青少年模拟政协活动组委会主办的青少年创新社会实践活动,也即全国中学生模拟政协活动,在全国范围得到普遍开展。

自 2014 年举办第一届全国正式活动以来,各级人民政协和教育行政部门大力支持的全国青少年模拟政协活动,至 2019 年 8 月,已成功举行了六届(每年一届)。这一以高中学生为主体,旨在培养当代青少年社会责任感、提升青少年实践创新能力的大型公益活动,正在全国各省市推广,在政协界、教育界、新闻界乃至整个社会产生了广泛的影响。

发起创办这一活动,主要基于以下三点:

第一,让人民政协真正走进人民、走进当代青少年。让中学生关心社情民生,真正理解、体验中国特色的民主协商政治制度,从而培养他们的社会责任感,树立中国特色社会主义的道路自信、理论自信、制度自信和文化自信,尤其使得学生在合作交流中增强他们发现、分析和解决问题的能力,这对于青少年参与实现中华民族伟大复兴的中国梦的深远意义不言而喻。

第二,为高中政治课改革探索一条新路。如何改变中学政治课教学长期以来课本知识与社会实践脱节的状况,如何让培养青少年素质教育的目标落到实处,是新课程改革的重要课题,也是教育界人士经常思索的问题。模拟政协活动试图为中学政治课改革和实践形式探索有效途径,为培养青少年实践创新能力提供一个实实在在的抓手。

第三,增加有特色、有创意的新的综合实践活动,增加有中国气派、中国特色的学生社团活动。在国家立德树人方针指导下,用社会实践活动形式,结合情境教育理论,增加一种素质教育方法,探索中国学生发展核心素养、必备品质、关键能力培养的手段及效果。

1 　张毅. "模拟政协"培育制度自信[J]. 北京观察,2018(01)：38.

总之,中学生模拟政协活动是借鉴中国人民政治协商会议的组织、提案形成、研讨等方面的制度和形式,并结合中学生的实际情况,探索思想政治课教学改革,提升学生思想政治社会参与素养的特色创新实践活动。从内容和形式上看,它既是一项中学思想政治学科的课外实践形式,又是中学生综合素养培育的学校社团活动;既是中学生参与社会生活、体验国家发展的活动,又是中学生充分展示综合素养、展现社会责任意识的活动。

二、模拟政协活动的实施现状

模拟政协活动目前在全国范围的高中学校广泛开展,但各地的主导实施部门不尽相同。有的是官方进行组织实施,如上海、北京,主要是教育行政部门(如教研室)牵头进行。

而全国层面的模拟政协活动目前并没有官方的统一教育行政部门介入,目前主要有致公党中央委员会和安生教育科学院在组织筹办。以全国中学生模拟政协活动为例,它的参与学校数量和实施范围呈现逐年递增的趋势。

全国青少年模拟政协活动的大致发展历程 [1]

2012 年 7 月 "全国青少年模拟政协活动"创办。

2014 年 2 月 由全国政协领导、政协委员、教育家、社会活动家等知名人士组成了全国青少年模拟政协活动顾问委员会。在中国致公党中央教育委员会指导下,设立了全国模拟政协活动组织委员会。

2014 年 8 月 "首届全国青少年模拟政协活动"在北京成功举办。全国 9 所重点中学和 2 组安生英才营团队参与活动,共产生 11 份提案。

2015 年 1 月 首届全国活动中来自江苏学校的两份优秀学生提案,成功提交了江苏省政协大会。

---

1 活动发展历程[EB/OL].[2019 - 12 - 10]. http://mcppcc. eduugo. com/development.

2015 年 3 月　学生优秀提案通过致公界的全国政协委员、江苏省政协副主席麻建国等提交至全国"两会"。

2015 年 6 月　全国青少年模拟政协活动成为 2015 北京高考文（综）卷试题，获得巨大社会反响。

2015 年 7 月　上海市教育学会举办了"首届上海市青少年学生模拟政协活动"。常州市教育局组织了"常州市首届青少年模拟政协活动"。

2015 年 8 月　"第二届全国青少年模拟政协活动"在北京成功举办。上海市代表队、常州市代表队以及 8 所全国知名中学提交了优秀提案。

2016 年　北京市"两会"上，参加全国青少年模拟政协活动的北京市学生和指导教师代表出席了北京市政协十二届四次会议。

2016 年 3 月　全国青少年模拟政协活动中的三份优秀提案由致公党界别政协委员把提案代提交全国政协大会。

2016 年 8 月　"第三届全国青少年模拟政协活动"在北京理工大学成功举办，32 个学校带着提案参会。

2017 年　"第四届全国青少年模拟政协活动"在浙江省杭州学军中学成功举办，全国 51 所学校带着提案参会。

2018 年　"第五届全国青少年模拟政协活动"在上海师范大学附属中学成功举办。来自全国各地 69 所学校近 500 名学生社团代表带着 69 份提案参加展评活动。

2019 年　"第六届全国青少年模拟政协活动"在江苏省常州高级中学成功举办。来自全国近 80 所中学的 600 多名师生参与此次活动。

从全国模拟政协的发展历程来看，不论是参会学校、参会人数还是提交的提案数量都呈逐年递增之趋势。各地开展的情况亦是如此，如北京，各区都有学校参与市级层面的模拟政协活动。上海则以教研室为主导从上至下，不断推进，参与学校规模亦非常庞大。

三、模拟政协活动的实践价值

模拟政协活动的开展有着先进的教育理念,可以将所学所思运用于教学实践。那么模拟政协活动的实践意义究竟如何? 可以从我们整理出的表 4-1 中所提出的成效来得到验证。

表 4-1　部分模拟政协活动情况

省份/学校	活动的社会影响力	学　生　感　悟
北京一零一中学、中国人民大学附属中学、北京市第四中学、潞河中学等	北京市模拟政协活动覆盖全市 400 余所中小学校,已经征集了近 4 万条建言,其中不少模拟提案成为各级人大代表、政协委员的议案、提案素材,被带上两会。	北京四中学生郭辰越:"模拟政协不是为了让学生们写'提案',而是为了培养学生们发现问题的眼睛。在模拟政协开展过程中要引导青少年关心社会生活,关注现实问题,要鼓励中小学生就其观察到的问题进行调查、探索并尝试提出科学合理的建议,引领学生们走出象牙塔,有序参与政治生活和社会公共事务。"
上海市大同中学、上海交通大学附属中学、华东师范大学第二附属中学、上海市曹杨第二中学、上海市奉贤中学等	奉贤中学模拟政协社团,针对进一步规范老年保健品市场这一主题所形成的"关于进一步整治老年保健食品欺诈和虚假宣传的提案",经由全国政协委员、上海开放大学校长袁雯的修改,最终成为正式的提案,并由袁雯提交到全国两会上。	上海交通大学附属中学姚宇奇:"你们能够在备会过程中,提案和调研报告的撰写中,问卷设计与发放中,体会到什么是真正的社会问题,什么是具体可行的解决措施。你们会感受到,当一个金点子划过时候的喜悦,当踩着 Deadline 提交了提案和报告时候的如释重负,你们会体验到在专家评委的'压力答辩'面前能够侥幸通过的满满成就感。你们在会场结交到五湖四海的优秀同龄人,你们能在五天的团队共处中收获真正的友谊……你们能学到的、感受到的、收获到的,太多太多了。"

省份/学校	活动的社会影响力	学 生 感 悟
安徽省合肥一中、合肥一六八中学、安徽省安庆第一中学等	2017年,安庆市政协十四届五次会议于1月8日上午拉开大幕,全市各党派团体、各族各界的政协委员们齐聚宜城,为该市的改革发展大计出谋划策。安庆市第一中学的模拟政协委员马星萌、胡思睿作为列席代表参加大会。	安庆一中胡思睿:"不到五个小时,我意料之外地'满载而归'。我第一次直接了解,一直感兴趣却无从下手的社会热点,精确扶贫最有效措施之一,将扶贫组织下移至基层农村;产业转型扶持中微企业,建立良好诚信体系兹事体大……作为该校模拟政协第一届成员,我始终坚信,政治实为多面多层次,它不止于学科,不止于政务,它将我们的视野转向全社会,将我们潜藏的无限力量有机会汇于一处。而当切身体会到政协如何运作,领头人如何筛选整合,每一位委员,都在为我们而努力,那时的我,真正感受到了,中国政治的澎湃不朽。"
江苏省常州高级中学、南京市第一中学、江苏省南通中学、江苏省苏州实验中学等	整治"保健食品骗老"问题、建议做实家庭医生签约服务、规范早教机构、建设露天工作者休息点……2019年1月12日,在江苏省两会开幕前,一群中学生模拟政协"交提案",这4份"提案"关注的都是热点话题,受到省政协委员的点赞。这些"提案"最终将通过政协委员提交到2019省政协大会。	南通中学王立成:"模拟政协活动给了我们一个关注国计民生,助力'中国梦'的平台。走访调研的过程中,我了解到了社会发展和百姓呼声,感觉到自己肩上的担子更重了。活动让我们面对社会现实,理论结合实践,我们将带着一颗更加理智的责任心,继续参与'模拟政协',继续关心国计民生。"
西安省高新第一中学、延安中学、西安市铁一中学、西安交通大学附属中学等	西安高新一中2019届模拟政协社团调研、撰写的"关于加强中小学校食堂膳食营养的提案"成为了第五届全国模拟政协活动"八强提案"之一,并在通过最终的筛选后,被带上了2019年全国两会。	西安高新区一中李振宇:"我们希望把这份提案做到极致,不留遗憾,尤其对于这种专业性的知识和数据,我们一定不能出任何差错。我们每次在讨论提案,发现问题、分析问题时,按照政协会议的方式民主讨论、相互协商,每个人发完言之后,我们会对彼此的意见进行比较深入的讨论,通过真诚交流化解掉观点之间的矛盾,达成共识,让我们的思维更深入。"

上表列举了北京、上海、江苏、安徽、陕西等省份中学生模拟政协活动的情况。从表格的不完全归纳整理中，我们可以非常清晰地看出，青少年模拟政协确实有着广泛的社会影响，学生对于参与模拟政协活动确实有着发自内心的收获与感悟，从学生的感悟中也可以看出学生的社会参与能力有了明显的提升。

第二节 模拟政协活动的运行机制

中学生模拟政协活动的运行机制,目前并没有相关系统的研究与归纳,我们从实施原则、运行流程和基本形式三个方面进行总结概括。

一、模拟政协活动的实施原则

模拟政协活动的主要目的在于促进学生的社会参与,其目的性决定了其实施的最根本原则就是教育性原则。模拟政协活动最大的特点是富有社会参与性,这是它区别于其他课程的一个重要特点,因而参与实践性原则亦是其实施的重要原则。与此同时,在实践过程中将模拟政协活动与学校课程相融合确有必要,因此活动还必须要遵循综合性原则。

(一)教育引导原则

模拟政协活动的主要目的在于促进学生社会参与素养的发展,其目的性决定了其实施的最根本原则就是教育性原则。因此,教育性原则应当作为模拟政协活动的首要原则,该原则最关键的要点是促进学生主体性的发展。关于人的主体性,马克思曾经论述过,主体是"从事实际活动的人","社会历史中行动的人"。在模拟政协活动中,应充分拓展德育空间,为学生思想品德的形成创设良好的外部环境,使学生从校内的课堂学习到参加社会实践活动,扩大学生的活动领域,拓宽学生的成长环境,充分发展学生的主体性。有目的、有计划的模拟政协活动,应当为学生社会参与素养的培养创设良好的外部环境,引导学生积极参与相关活动,这种引导是潜移默化的,是促进全面成长发展的。因此,模拟政协活动第一个原则就是教育引导性。

（二）参与实践原则

中学生模拟政协活动虽然带有模拟二字,但在开展过程中却是实实在在的学生参与。在模拟政协活动中,模拟政协学生团队围绕选题开展调查研究等活动,学生体验了中国协商民主,了解了社情民意,提高了思想认识。为了撰写提案,学生们需要通过图书馆、中国知网、百度文库等各种方式去查阅和检索相关的资料,在系统整理资料的过程中做好相关的文献综述,然后通过设置调查问卷,就相关调研的问题和指导老师沟通,采访领域内的高校专家学者,有的还走进政府管理部门实地了解情况,掌握一手信息。然后,小组合作整合相关材料,研讨文稿的撰写方式,经过一到两个星期才能形成一份大致成型的提案初稿。而后,还需要通过相互提问和参与大会的方式,不断对提案加以完善,形成终稿。这一实践过程,是学生切切实实参与、接触真实社会的过程。通过这个过程,学生在真实的社会情境中认识到社会参与的意义,在实践活动中形成良好的责任意识,提升自己的实践能力、塑造自己良好的社会参与行为。

（三）课外延伸原则

不可否认的是,一段时间以来,思想政治课的教育教学仍然是以课堂教学为主导,教师在讲台上"夸夸其谈",而学生的体验度较低,甚至有的"昏昏欲睡"。要想改变这个教学现状,那就必须让中学生从抽象的书本中走出来,在学习教材理论知识的同时,更加关注现实政治、关注中国的民主政治。这是我们一线教师需要探究和解决的问题。随着模拟政协活动的广泛开展,我们发现这个机制可以加以有效利用,通过模拟政协活动,鼓励学生们了解国家的政治机制,激发学生关心国家大事、关注民生的热情,同时进一步探讨高中阶段课程改革中综合实践活动的设计、实施和评价,这是创新理念在教学活动中的体现。中学生模拟政协活动的开展,可以让高中生跳出政治课本,走出课堂,参与式地、多层面地感受我国的政治制度,唤起青少年的社会责任感,培养他们的制度自信,这是走出书本、走出教材的一种切身学习体验。但我们最终不能把模拟政协活动作为主体,它仍然是思政课教育教学的方式和手段,不能本末倒置,模拟政协活动只能作为课堂教学的一个课外延伸。

二、模拟政协活动的运行流程

根据中学生模拟政协活动的运行流程和实施方式,从宏观层面、中观层面和微观层面,总结出具体的运行流程。

(一)宏观层面:主办方组织各校进行筹备与展示

从宏观角度来看,主办方举办模拟政协的活动着重体现在最终的展示环节上[1]。

第一,前期筹备阶段。各参与学校指定活动的校方负责人及指导老师;组委会组织指导老师培训;各校组建模拟政协活动学生社团;组织学生参加"四种意识"和"四大能力"的相关课程的学习(含在线学习);学生选定模拟界别身份;学生组成提案组并选报确定议题;学生分组制定议题的调研计划;学生围绕各提案分组分工实施社会调研;撰写调研报告及提案文本等材料;校内或地方进行集中展示活动,选拔出最佳提案和团队等。

第二,集中展示阶段。参加集中展示的各参与学校的模拟政协委员提案小组团队在集中展示活动地点集中,以模拟人民政协大会发言(演讲)、界别小组研讨、新闻发布会、提案集体陈述等活动形式,向大会陈述本校提案,参加提案研讨,进行提案再修改完善等活动。每个"提案集体陈述"分三个部分:播放本校模拟政协团队调研阶段过程工作的视频短片,集体陈述提案的内容,围绕提案回答相关提问。

(二)中观层面:学校将活动渗透到社团、课程与比赛中

根据文献的梳理和调查分析,我们发现国内中学主要将模拟政协活动渗透到社团、课程建设的过程,通过模拟政协社团的建设与活动,以市区级的模拟政协比赛为平台而开展活动。

---

1 由中国致公党中央教育委员会组织,安生教育科学研究院发起,全国高中生免费参加的全国青少年模拟政协活动,每年举行一次集中性提案展示,从2014年起至2019年已成功举行了六届。此外,各地方如上海、江苏等教育行政部门也在参照该模式逐步推进中学生模拟政协活动。

1. 组建专门的学生社团

从我们了解到的实际情况看,所有模拟政协活动都是以学生社团为载体而开展的。把对模拟政协活动感兴趣的同学组织起来,组建相关社团。这些学校根据本校的社团管理制度,形成了各自的管理系统。如上海交通大学附属中学模拟政协社团,就在学校团委的指导下,配备了专门的指导教师和学生导师,社员在团委的领导和导师的指导下选择合适的界别身份,充分发展才能,展现特长。有的学校通过团建带动社团发展,如浙江省镇海中学模拟政协社团成立了团支部,学生在团委的领导下积极参加艺术节、读书节等活动。不仅如此,有的学校给予社团专门的活动经费支持,还帮助学生进行活动组织策划、提供活动用车、联系相关单位等。

2. 进行课程的规划与设计

2017 年版思想政治新课程标准强调的理念是"活动课程化""课程活动化",这给思想政治课教学改革指出了明确的方向。因此,部分学校在开展模拟政协活动的时候,大都以选修课程为依托。一些学校的政治教研组教师分工合作,共同研发,编写了模拟政协活动的相关教材。例如浙江省镇海中学的措施,"政治组教师分工合作,共同研发,编写了《镇中模拟政协》选修课教材,教材分为项目实践、能力训练、价值研讨三大模块。'项目实践'包含提案的组织机构、目标分析、提案的改进、实施、评估等内容;'能力训练'模块由学会自我管理、学会写提案、学会议事和决策、学会表达思想说服他人等内容组成;'价值研讨'着重介绍了责任感、服务精神、团队意识、领导力等内容。"[1]还有一些学校把模拟政协作为选修课进行相关的责任考核,把学生参与度、教师教学计划、过程性材料等纳入考核系统,把过程性评价和终结性评价相结合,在考核指标中专门突出学生在调研、调研报告的撰写、提案的撰写中的态度与表现,促进了学生的自我反思和自我成长,突出了评价的发展性功能。

3. 参与各项模拟政协比赛

模拟政协活动的显著优势就是可以通过全国和所在省市区的各类比赛,真实模拟提案和政治参与的过程。以全国中学生模拟政协比赛为例,它是目前参与度

1　王雍斌.模拟政协:学生发展学科核心素养的实践探索[J].教学月刊·中学版,2017(6):10.

比较高、专业性比较强、具有广泛代表性的全国性比赛,其大致可以分为提案选择、提案计划、提案展示和提案完成四个阶段。

各个阶段的工作各有侧重,各个学校的指导老师和学生社团可以根据实际情况使用不同的应对策略。在选题阶段,我们需要关注的更多的是与学生有联系,同时又有现实意义与研究价值的提案,如网约车、校园霸凌、医患关系、课业负担、高中生生涯发展规划等。对于学生而言,他们的想法比较多,但是缺乏系统合理性的考量,这时候指导教师需要指导学生选择有价值且具备实施条件的选题,对主客观条件(如认知水平、认知能力、时间、空间、财力、物力、学业负担、可操作度等)进行系统分析。此外,提案展示是学生们非常重视的一个环节。一般而言,提案展示就类似于一场"舞台演出",需要有创作团队、有剧本、有角色、有彩排、有评价等。首先是创造团队的整体规划设计,学生要考虑是要呈现背景还是展示问题还是解决方法,如何让观众有较高的体验度,等等。而后,编写剧本,进行角色确定与分工,条件具备的话,可以邀请指导教师一起参与彩排和修正,进而正式进入模拟活动的现场展示和答辩等。通过上述一系列的比赛过程,学生对于模拟政协活动的流程有清晰的认识,对于提升自身参与意识和参与能力有重大现实意义。

(三)微观层面:学生全力参与到活动的各个环节

第一,加入相关社团。参与活动的学生,首先需加入学校模拟政协活动社团,社团成员需要在教师的指导下,通过集中授课或在线学习等方式学习一些基础知识。如上海交通大学附属中学模拟政协社团,指导教师的推荐书目主要有《政治学基础》《当代中国政治制度》《中国政府概要》《政治学》《社会调查研究方法》等。

第二,选定界别身份。根据模拟政协的相关规定和要求,我们需要对参与模拟政协活动的每名学生进行模拟身份的确定,确定好各自的模拟政协委员界别身份,明确所代表的社会群体对象,并在此基础上开展活动。学生们要从选定的界别身份出发,研究并发现社会民生问题,逐步明确并提出议题,围绕主题,开展调查研究等实践活动。

第三,围绕问题进行调查、呈现。活动中,学生以小组为单位,通过图书馆查阅相关文献、网上搜索相关资料、实地调查采访等方式开展调查。同时,要在充分调查研究的基础上，进行材料分析和研究工作，得出初步结论，并参照标准政协提案格式，进行调研报告和提案的撰写工作，在提案基础上，整理写作提案的大会发言稿和论辩稿等。

三、模拟政协活动的基本形式

高中模拟政协活动的基本形式，可以从两个角度进行划分。一种是从学生模拟政协社团角度，侧重于平时社团校内外的常效活动形式；一种是从全国的比赛展演角度，侧重于比赛的活动组织形式。

（一）社团活动角度

社团活动实施的角度主要包括合作探究、协商讨论、社会调查、角色扮演、实践体验等。

1. 合作探究

合作探究的形式贯穿于模拟政协活动的全过程，尤其是贯穿于理论学习、发现问题、解决问题的过程之中。模拟政协活动的开展首先需要一定的理论学习，部分高中学校模拟政协就开展定期的理论学习，如开展"政协知识与提案写作""调研方法与报告写作""演讲答辩与人际沟通""社会调查研究方法"等理论学习，提升理论素养。

在此自主学习的过程中，学生之间合作探究，在讨论之中促进理论知识的融通与深化。此外，"'模拟政协'社团内部确定议题，议题的选择必须深入群众，关注民生，要与人民的利益密切相关并形成提案"。再者，集中展示阶段由各代表向大会阐述提案，做到有礼有节、有理有据，还要在回答专家质询、模拟新闻发布会、政协知识竞赛等特色活动中，讲清楚说明白。[1] 这些仅仅依靠一己之力并不能够全面完成，因此，合作探究的方式不仅有利于学生本身的发展，还有利于培养学生团结协作的精神和沟通合作的能力，从而增进学生的社会参与，同时，可以激发学

---

1 史秋玲.模拟政协中核心素养的培育［J］.中学政治教学参考，2019(01)：39.

生参与模拟政协活动的兴趣,把学习当成一件乐事,在与同学合作学习中共同进步成长。

2. 协商讨论

协商讨论这一形式与合作探究一样,贯穿于模拟政协活动的全过程,其有两个层次。

第一层次的协商讨论和合作探究是同时同地发生的,主要是指学生之间在对相关社会问题的讨论、解决问题过程中的交互,如在确立选题前后,学生开始针对社会问题提出各自的看法和意见。学生在开始撰写提案之前,查阅相关文献,学习借鉴前人解决社会问题的智慧,在此基础上,开展小组讨论,各抒己见,充分协商,通过不断的碰撞、协商,更有可能提出解决问题的有效方法。

第二层次的协商讨论主要是指学生与社会各部门工作人员之间的沟通交流,在发现问题之后与相关部门反馈情况商讨提案的过程。如有的学生针对在学校中发现的问题,通过学代会、与校长共进午餐等活动与学校有关部门的负责人甚至是校长协商,说明有关情况介绍、问题成因解释以及整改措施等。

此外,在相关问题调研报告完成,形成提案后开展小组讨论,学生各抒己见,充分协商,通过集思广益,让解决问题的建议更加具备可行性,从而进一步解决相关问题。对于一些难以解决的问题,有的学生还通过寻求相关部门支持的方式,扩大宣传,提升提案辐射力,将成果尽可能扩大化。

3. 社会调查

社会调查是模拟政协活动的中心环节,根据中学生模拟政协活动的要求,各校模拟政协学生社团及提案小组开展提案调研,组委会与各学校指导老师或社团负责人保持沟通,及时提供一些必要的指导、帮助。各小组提案的社会调查和社会实践应不少于前期活动总时长的50%,并写成调研报告,需经常发布活动日志。

社会调查包括对发生在身边的社会情况、经济情况、生态情况和市场信息等方面的调查。如学生针对感兴趣的消费类型、消费心理以及社会的消费观念进行调查;学生走入社区,对社区居民民主参与现状及能力进行调查。他们在参与调查的过程中分析遇到的问题、解决问题,提高参与社会,认识、分析、解决社会问题的能力;在最后的问卷数据整理总结分析阶段,学生通过对收集数据的客观分析,研究能力、创新能力也得到锻炼提升。例如针对外卖配送人员权益受侵、老旧小区流浪猫狗的管理、高中生生涯规划问题、依托互联网缓解超大型城市交通拥堵等问题,首先学生分为问题提出组、政策分析组、建言献策组、行动反馈组。分组后,小组成员各司其职,分别开展调研,并撰写调研报告。

4. 角色代入

角色代入是在模拟政协活动的整个过程中贯穿进行的,存在于学生与学生之间,学生与教师之间,学生与社会上不同身份、不同职业的人之间的合作讨论、调查访谈等行为之中。

在此过程中,一方面,学生作为模拟政协委员的角色,重新认识知识和社会的关系,将所学知识付诸实践,把社会放在优先的位置,对自己的角色担负着一种社会责任感和使命感,和社会上不同身份、不同职业的人群进行交流访谈,在与社会的真切接触中不断摸索、反思、体悟并不断解决新的社会问题。另一方面,通过模拟政协委员这个角色,学生对自身公民身份有了更准确的体验和认识。在模拟政协活动中,学生不再以"学生"称呼,而改之以"来自某界别的模拟政协委员"。学生不再以一名被动的受教育者的面貌示人,而成为一名能够传达某些群体呼声、维护某些人群利益的模拟政协委员。如 2016 年的全国模拟政协活动中,有学校的模拟政协委员代表教育界出席模拟政协会议,提交了关于校园安全和校园暴力方面的提案。尽管模拟政协委员自己身处一所比较和谐安全的校园,但通过调查发现身边有相当一部分同龄人曾经受到过校园欺凌事件的困扰。他们觉得,作为代表教育界参政议政的委员,有责任将这个问题带到模拟政协大会并提出解决方案。巧合的是,当年参加全国模拟政协的其他学校,如人大附中等,也有几份类似主题的提案。于是,各校的模拟委员们进行了协商洽谈,将不同学校侧重点各不相同的提案,进行有机整合后形成了一份"联名提案"——"关于完善现有校园欺凌预防和处理体系的提案",并向组委会提交。最终,这份提案从模拟政协走入了真正的中国人民政治协商会议,经一些新闻媒体的报道后,在社会上也引起了十分积极的影响。[1]

通过模拟提案的撰写和递交,学生亲身参与了我国民主政治制度的运转,感

---

1 华夏.高中思想政治课如何"翻转"——以中学生"模拟政协"活动为例[J].思想政治课教学,2017(07):27.

悟了国家和社会的发展情况,对我国的政治制度、法治状况有了更加深入的认识和认同。不仅如此,模拟政协的提案格式也参照真实的全国政协提案格式(如图4-1),整个活动的代入感非常好。

委员提案首页

类　号

全国政协第　届第　次会议第　号提案

案由：_____

摘要：（200字以内）_____

_____

_____

_____

提案形式：　提案者信息：
□ 个人提案　第一提案人_____　界别：_____　委员证号：_____
□ 联名提案
通讯地址1：_____
联系电话1：_____
通讯地址2：_____
联系电话2：_____

情况说明：
是否涉密：□涉密　□不涉密　　是否有附件：□有附件　□无附件
希望送交办理单位：_____

提案日期：____年____月____日

图 4-1　全国政协提案表

5. 实践体验

实践体验主要是借助社会资源的支持,给予学生到真实的政协委员会工作环境中学习的机会,与真正的政协委员沟通交流。如有的模拟政协学生充分利用学校帮助,列席政协会议、与政协委员面对面交流提案、参与政协委员的提案调研工作等。2018年,上海交通大学附属中学的模拟政协委员就围绕学生作业减负的问题与学校内担任人大代表和政协委员的老师(一位是上海市政协委员、一位是宝山区人大代表)进行了面对面的沟通,在这种面对面沟通交流中,他们对政协委员履职,市区人大、政协运作机制,提案的基本要素和提案撰写方法等重要问题有了真实的了解。这样的经历可能会影响学生的一生。通过实践体验活动,学生不仅丰富了社会参与的基本要素,而且扩大了社会参与的时间与空间,让学生开阔了政治视野,丰富了观察视角,锻炼了参与能力。

(二) 集中展示角度

模拟政协的集中展示过程中设立学生主席团和相关学生工作组,在组委会的组织和指导下开展与提案相关的模拟全国政协部分会议形式的工作,承担并完成相应的子活动的组织工作。

1. 全体预备会议

参照中国人民政治协商会议大会形式,大会开始前安排大会预备会议,展开破冰活动,让参会人员认识交流互动,就全部展示期间具体活动安排进行介绍和工作布置。安排主席团学生组织(主席团、秘书组和各工作组)相关工作,宣布集中展示活动期间纪律事项等。

2. 集体陈述展示大会

集体陈述展示大会由各提案小组轮流集体上台展示,共分三大环节:第一步为视频展示;第二步为提案展示 PPT 陈述;第三步为现场答辩环节(三个环节都有时间限定)。这三个步骤是整个模拟政协活动集中展示的核心环节,是对整个提案提出、调研、形成等全过程的大检验,也是"四大能力"实践的综合检阅。

3. 模拟新闻发布会

参照全国两会期间的新闻发布会形式,模拟政协活动集中展示活动期间,也举行模拟新闻发布会。由各参会提案小组派出一名新闻发言人,作为本校提案小组的对外联络代表,向模拟媒体记者们介绍本组提案,回答相关提问、接受模拟采访、接受社会媒体采访等。同时,各提案小组还派出一名模拟记者,模拟记者要学习掌握基本的记者采访、编辑、拍摄、写新闻稿等能力,对媒体特点有基本了解,接受组委会秘书处和学生主席团的领导;要在新闻发布会上分别扮演各国各界的媒体记者,根据所代表的媒体特点,有特色地向其他组提案发言人提问,并在会后写新闻稿发布等。

4. 界别小组研讨会

以一个政协界别小组或多个界别联组,来对相关提案进行讨论、研究。来自不同学校的同一界别身份的模拟委员组成一个界别分组。此项子活动的目的在于使模拟委员们以新身份、新视角看待相互的提案和代表不同利益群体发表的观点,听取他人对自己提案的不同意见,培养人际交流能力,学会会议研讨的基本规则,懂得协商民主的运作形式。

5. 大会发言

模拟政协有大会发言环节,大会发言也是一种面对大众的公开演讲。各校提案小组安排一名大会发言人(即公开演讲人),通过公开演说式的面对大众的发言,进一步宣传本校提案,赢得更多支持者,这也是对学生个人面对公众艺术地表现自我能力的培养和展示。

第三节 模拟政协活动提升学生社会参与素养的理论支撑

以模拟政协活动来提升学生的社会参与能力,其实践价值已经得到较为广泛的认可,从更加完善的角度看,我们需要对其背后所支撑的理论进行梳理,为今后模拟政协的纵深发展提供理论支撑。

一、模拟政协活动提升学生社会参与素养的理论基础

模拟政协活动提升学生社会参与素养的思想理论基础主要有习近平新时代中国特色社会主义思想、人本主义理论、社会生活教育理论等。

(一) 习近平新时代中国特色社会主义思想

党的十八大以来,以习近平同志为核心的党中央高度重视教育工作,对党和国家的教育工作提出了一系列新思想、新理论和新观点,"深刻阐释了'培养什么样的人、如何培养人、为谁培养人''办什么样的教育、怎样办教育、为谁办教育'等重大理论和实践问题,丰富和发展了中国特色社会主义教育理论"。[1]

习近平总书记关于青少年教育培养中的社会责任担当、社会实践活动等方面的重要论述,为中学生开展模拟政协活动提供了理论指导。

社会实践是青年学生练就过硬本领的"大熔炉"。习近平总书记指出:"广大青年要把正确的道德认知、自觉的道德养成、积极的道德实践紧密结合起来,自觉树立和践行社会主义核心价值观,带头倡导良好社会风气。要加强思想道德修

---

1 刘延东. 深入学习贯彻党的十九大精神 全面开创教育改革发展新局面[J/OL]. 求是,2018,(6)(2018 - 03 - 15)[2019 - 12 - 14]. http://www. qstheory. cn/dukan/qs/2018 - 03/15/c_1122534655. htm.

养,自觉弘扬爱国主义、集体主义、社会主义思想,积极倡导社会公德、职业道德、家庭美德。要牢记'从善如登,从恶如崩'的道理,始终保持积极的人生态度、良好的道德品质、健康的生活情趣。要倡导社会文明新风,带头学雷锋,积极参加志愿服务,主动承担社会责任,热诚关爱他人,多做扶贫济困、扶弱助残的实事好事,以实际行动促进社会进步。"[1]

责任担当是检验青年学生家国情怀的"试金石"。习近平总书记指出:"国家的前途、民族的命运、人民的幸福,是当代中国青年必须和必将承担的重任;每一代青年都有自己的际遇和机缘,都要在自己所处的时代条件下谋划人生、创造历史;紧跟时代砥砺前行,担当责任奋发有为是我国青年的光荣传统,也是党和人民对广大青年的殷切期望。"[2]

习近平总书记的讲话为我们开展模拟政协活动提供了思想启发、理论引领和实践动力。以往在校学生的社会实践活动,大都是教育行政部门或者学校为了配合教育综合改革,至上而下推动和组织的。学生为了完成任务,在实践过程中存在一定的消极应对的现象,学生的责任意识、关爱社会思想、自主自发性也没有被充分调动。通过总书记的思想引领,结合中学生模拟政协活动的丰富的形式、有价值的探索等,可以为解决上述问题提供解决方案。

(二) 人本位理论

人本位理论,有的专家也称之为人本主义理论。人本位教育理论的教育价值观在于"教育旨在发展人自身,使个人潜在的能力得到全面、协调的发展;教育要按照儿童生长发育的自然秩序使其得到发展;主要不是依靠外力,而是引导儿童'自己实现自己的意志'"[3]。

在人本位教育理论的价值观指引下,教学方式将改变为教师和学生双方发生

1　中共中央文献研究室.十八大以来重要文献选编(上)[M].北京:中央文献出版社,2014:280－281.

2　中共教育部党组.深入学习贯彻习近平总书记关于青年学生成长成才重要思想 大力培养中国特色社会主义建设者和接班人[N/OL].光明日报,2017－09－08(2)[2019－12－14].https://epaper.gmw.cn/gmrb/html/2017－09/08/nw.D110000gmrb_20170908_1－02.htm?div=－1.

3　陈桂生.常用教育概念辨析[M].上海:华东师范大学出版社,2009:337.

互动,尤其是在学生的自发需求下,教师结合学生的发展程度进行支持性教育,进而提升学生的发展程度。持人本位理论的教育者通常认为,"教学过程是学生成长的过程,教师应让学生成为这一过程中的主体,这是一个相互影响的联动过程。人本主义强调教学应以学习者为中心,教师可以引导学生做出自己的选择,但是不能过多干涉学生的决定。教师应该努力适应学生的各种需要,发挥他们的潜能,使学生能够快乐、愉悦地学习。人本主义课程观不再过分强调知识的纯粹性和抽象性,提倡课程选择要结合学生的兴趣、能力,要能够促进'学生全域能力'提升;提倡将课程内容与学生的生活联系起来,让学生从丰富的生活经验中体验学习"[1]。

我们可以看出,人本位的教育教学理论与中学生模拟政协活动有独特的价值一致性。在模拟政协活动中,人本位教育理论对模拟政协活动的理论指导作用主要体现在:首先认可了学生对于社会问题的主动发现,将基于兴趣的活动作为起始点;二是强调个体间的需求和差异,这一时期的高中生,对于自己的兴趣、爱好、判断等有着较强的独立性和丰富的个性化特征。高中阶段的学生处于快速成长阶段,其发展不论是在自身还是在个体之间都有着一定的实践性和不平衡性,这就要求教育者要综合考虑孩子的自身特点。因此,在模拟政协活动中,充分利用人本主义的理论,用发展的眼光对待学生,要允许活动过程中的个性特征的出现,同时要有一定的耐心和爱心来迎接学生的每一个环节上的误区,并给予科学的引导。

(三)社会生活教育理论

社会生活教育理论,强调了社会和生活对于教育的重要价值。它的内涵可以从两个方面解读:一个是社会本位理论,一个是生活教育理论。从社会本位来看,该理论强调的是"个体如果不具备后天获得的'社会性',只是'自然人',就与动物的区别不大。教育旨在使个体获得'社会性',直至实现个体'社会化',成为有别于'个体我'的'社会我(社会人)'。……个人的发展若脱离社会需求,它本身并无

1　洪书源."人本主义"教育观视域下高校思想政治教育新思路[J].教育评论,2018(4):77.

价值可言;况且个人只有置于一定社会关系之中,通过社会交往,才能得到发展。"[1]生活教育理论的代表人物是我国的教育家陶行知,他的生活教育理论核心强调社会生活对于学生教育的价值与意义,生活教育的"理论体系主要包括三个内涵极其丰富的命题:生活即教育、社会即学校、教学做合一。"[2]

社会生活教育理论对于模拟政协活动的价值影响,主要有两个方面。一是强调了学生要积极参与社会生活。模拟政协活动不仅要使学生理解和掌握政治理论知识,更是为了让学生更好地参与社会生活,使学生形成参与社会生活和公共事务的能力。二是契合学生的实际生活。在模拟政协活动中,要特别注重结合学生实际社会生活,模拟真实政治、经济、文化情境,引导学生关注社会生活、参与社会生活。具体来说,通过模拟政协活动这一载体,一面引导学生认识和理解相关政治理论,为其今后的社会参与、政治参与打下良好的基础与前提,一面要使学生将所学到的理论知识与生活实际相结合,让学生运用所学的理论知识去指导自己的学业和生活,解决生活中的实际问题,将理论知识转化成自身的能力,提升社会参与素养。

二、模拟政协活动提升学生社会参与素养的理性价值

充分利用模拟政协活动提升学生的社会参与素养,其理性价值主要体现在其独特的优势上。

(一)模拟政协活动的主要特点

1. 学习活动的社会性

模拟政协活动的一个显著特点是广泛的社会参与。课堂教学活动中,学生基于教材内容进行学习,对于社会生活中的许多知识并不了解。比如教科书中提到了国家机关、人大代表、政协委员等,这对于学生来说仅是一个概念,学生没有在

1　陈桂生.常用教育概念辨析[M].上海:华东师范大学出版社,2009:346.
2　谌安荣.陶行知生活教育理论的内涵及其意义[J].广西社会科学,2004(9):189.

社会中亲身接触过,他们很难理解。但通过模拟政协活动,学生们在社会中发现问题,然后带着问题与团队合作开展调查研究,这个过程中,学生需要与很多不熟悉的人士沟通与交流,通过广泛的调研和与相关人士的接触,他们就会从书本上的抽象概念中走出来。

如上海交通大学附属中学嘉定分校的学生,围绕所展开的"非物质文化遗产保护"的提案,先后走进上海市政协提案委员会、嘉定区文广局,采访了市政协委员、嘉定区文广局行政领导、上海市非物质文化遗产传承人,学生们普遍感到收获满满。又如上海市大同中学的学生,在"关于进一步加强公共汽车运行安全保障的提案"实施过程中,根据提案的内容,在指导教师的组织下,小组成员们完成了调研的框架设计。调研主体确定为司机、乘客、公共汽车的安全设施三大类:针对司机,主要就其驾驶习惯、安全培训、危险品排查工作,以及公司安全运营制度保障等多角度进行调研;针对乘客,主要调查乘客的乘车安全意识和对公共汽车运行安全情况的满意度;针对公共汽车上的安全设施配备,围绕制度建设和实际现状两方面开展调研工作。可以看出,学生的接触面非常广,由此可见活动的社会性。

2. 知识习得的综合性

模拟政协活动是以培养学生参与社会生活的基本能力为己任的综合活动课程。要顺利完成一项模拟政协调研任务,以任务完成为导向,学生需要具备各种综合性的知识。在这个过程中,学生首先需要激活思维,在对社会生活全面把握的基础上,增强社会参与意识,了解自己拥有的参与范围和相应权利、义务,提高社会责任感、国家认同感,增进国际理解,促使希望可以参与公共事务管理的意愿,提高参政意识与能力。此外,社会参与的领域十分广泛,一些决策的参与甚至涉及专业知识的运用,模拟政协活动包含的社会公共知识,特别是政治组织运作形式、经济团体运营模式方面内容,对扩大学生的认识视野和增强其参与体验大有裨益。

如全国中学生模拟政协活动提供的基础知识与基本能力的理论学习板块中,可参加课程主要有"中国民主政治和政协知识""政协提案及撰写知识""全国青少年模拟政协活动开展指导""社会调查研究方法""演讲辩论技巧""协商沟通方法"

"社团组织与领导力培养""视频编辑·PPT制作""人际沟通技巧""中国政治制度"等,而且建议学生通过在线课堂或辅导教师专门培训。当然,除此之外,很多模拟政协学生社团还根据实际情况,提供了其他书籍资料等,这充分体现了知识习得的综合性。

3. 活动场域的开放性

模拟政协活动探讨的问题多与社会实际,尤其是社会热点问题联系紧密,这类问题和其他课程知识不同,它的场域更加灵活,不局限于校内,这也决定了模拟政协活动场域具有开放性。

以上海市大同中学模拟政协小组的"关于进一步加强公共汽车运行安全保障的提案"活动场域为例:为准确了解公共汽车安全设施配备情况,该校模拟政协小组成员在上海市内开展了7次实地考察,共计走访17个公交枢纽、77条公交线路、607辆公共汽车。第一次团队实地考察地点在浦东陆家嘴及其周边地区的公交枢纽站点。团队成员们依次前往其昌栈渡口公交调度站、世纪大道、东方路张杨路、商城路南泉北路、陆家嘴、陆家嘴地铁站、东昌路渡口、杨家渡渡口共计8个公交站点,考察了十余辆公交车。第二次团队实地考察地点在上海体育馆、上海体育场、上海游泳馆等公交终点站附近。这次实地考察更加侧重于对于公共汽车硬件安全设施配备情况的调研。第三次团队实地考察在芦恒路枢纽站,这是576线路终点站。除了3次团队实地考察外,小组成员也各自前往南浦大桥公交枢纽中心、沪军营路公交终点站等地进行考察。可以看出,学生的活动场域明显得到更加深入的延伸。

(二)模拟政协活动的显著优势

1. 体现了思想政治课程标准的要求

教育部颁布的《普通高中思想政治课程标准(2017年版)》明确指出:"高中思想政治以立德树人为根本任务,以培育社会主义核心价值观为根本目的,是帮助学生确立正确的政治方向、提高思想政治学科核心素养、增强社会理解和参与能力的综合性、活动型学科课程。"[1]

---

1 中华人民共和国教育部.普通高中思想政治课程标准(2017年版)[M].北京:人民教育出版社,2018:1.

该版课程标准从课程性质上非常明确地提出"参与能力""综合性""活动型"等概念。从思想政治学科的发展角度来看,课程标准提出的这些概念所承载的内在价值与模拟政协活动的开展的价值追求具有内在一致性。因此,通过中学生模拟政协活动的开展,我们可以将课程标准所提出的"参与能力""综合性""活动型"等概念通过生动活泼、参与性强、学生乐于接受的形式得到实现。此外,课程标准提出的"课程活动化""活动课程化",围绕教学内容广泛开展议题式教学等新的理念,在我们一线教师看来,大都可以充分利用模拟政协活动的实施来承载。

2. 克服传统思想政治课弊端的需要

传统思想政治课的弊端与其他学科有一定的相似之处,这并非某个学科的发展问题,而是对历次课程改革的基本回应。传统思想政治课的教学弊端常见的有:一是理论教授的重要性远远高于政治实践活动,这与思想政治课的教材内容设计有直接关系,教材内容的设计要紧跟党和国家的重要思想、理论的步伐,未免会产生诸多表述较为抽象的问题,这使得教师的课堂教学大多采用理论讲解的方式,而这种方式的显著特点就是思辨成分居多,学生的参与度不足,政治实践活动也无法开展;二是教学形式的创新不够,限于时间、空间、精力等主客观原因,一线思想政治课教师很难开展诸如社会调查、外出教学等活动;三是应试教育的导向,导致了为学而学,忽略了知识背后的行动逻辑,为考而考,为高分而背诵的形式尚未彻底转变。上述问题也可能是很多学科教学中所遇到的共性问题,它的解决非一日之功,但我们可以通过诸如模拟政协活动等形式,逐步推进思想政治课从课堂走向"第二课堂",提高思想政治课的教学效益。

3. 提升学生核心素养的题中之义

学科核心素养是学科育人价值的重要体现,也是学生通过学科学习获得的正确价值观念、必备品格和关键能力。关于思想政治课的核心素养,《普通高中思想政治课程标准(2017 年版)》有非常明确的界定,主要包括政治认同、科学精神、法治意识和公共参与。

关于模拟政协活动在提升学生核心素养方面的积极作用,在开展模拟政协活动的部分学校的指导教师的论文中有体现。如有的老师认为:"'模拟政协'是思想政治课教学和综合实践活动在形式上的大胆创新。它旨在让学生在感性体验之后学会理性表达,在比较运用的同时自觉内化,有效提升学生发现问题的敏锐力、分析问题的深刻性、公共参与的创新力和知行合一的实践力,是对思想政治核心素养培育路径的有益探索。"[1]有的老师认为:"培养学生的核心素养不能只停留在口头和书本上,而是要通过实践来培养,'模拟政协'是培养核心素养的实践方式之一。"[2]总的看来,模拟政协在提升学生核心素养方面作用是较为显著的。

1　高丽."模拟政协":思想政治核心素养培育新路径[J].中小学德育,2016(10):38.
2　史秋玲.从模拟政协的实践谈高中政治学科核心素养的培养[J].思想政治课研究,2018
　　(05):138.

第四节　模拟政协活动提升学生社会参与素养的实践契合

强调模拟政协活动与社会参与素养的实践契合,目的在于论证模拟政协活动开展的实践中,诸多环节对于学生参与素养有着显而易见的提升作用,部分环节虽然不能够直接体现,但潜移默化中实现了参与意识的提升。从前述章节的调研结果可以看出,与未参与社团的以及参与其他社团的学生相比,参与模拟政协活动的学生在社会参与素养的责任担当素养和实践创新素养两大领域都有良好表现和突出的发展水平。因而,本节将通过实践案例,探索社会参与素养提升与模拟政协活动的实践契合。

一、模拟政协活动提升社会参与素养的实践有效性

(一) 高中生社会参与素养为模拟政协活动提供导向

虽然当前模拟政协活动在理论界还未有统一的目标定位,但已有相关研究和理论表明模拟政协活动对培养学生的社会参与素养有一定的实效性、针对性。因此,将社会参与素养作为模拟政协活动的目标具有一定的可行性。《中国学生发展核心素养》明确提出了社会参与素养的三大要素,这就为模拟政协活动的开展指明了方向。

培育社会参与素养是开展模拟政协活动的重要出发点。社会参与素养决定模拟政协活动的主题、形式、任务、评价等,模拟政协活动的设计、开展以及评价等各个环节都要在社会参与素养目标的指导下进行,要着眼于社会参与素养,将培育社会参与素养作为模拟政协活动的目标与动机,从培育学生社会参与素养出发。此外,模拟政协活动不是形式化的活动,开展的最终目的是培育学生的社会参与素养,社会参与素养是衡量评价模拟政协活动的最关键指标。

社会参与素养是引领、支撑社会实践活动的重要导向。当前一部分高中思想政治社会实践活动开展不尽如人意，很大原因是方向不明确、动力不足。老师们往往为了某一节课的教学需要而开展，或是为了准备公开课而特意准备一次社会实践活动，而我们所倡导的活动课程化、课程活动化的新课程理念没有得到有效地贯彻落实。社会参与素养提出后，对于社会实践活动的要求从教师主导转向学生主动参与，从单一活动转向形式多样，从具体某一次转向系列化，从偶尔转向日常化，从单一目的性转向综合发展性，从校内走向校外。不论是目标上、设计上，还是过程中、反馈评价，都紧紧围绕着培育社会参与素养这一目标，这就无疑为模拟政协活动提供了引领和支撑，成为日后模拟政协活动开展的基本导向。

（二）模拟政协活动是培育社会参与素养的重要路径

高中生社会参与素养的培育需要有具体的策略方法，传统的课堂教学多注重知识的讲授，讲授的课程能够使得学生的思维认知、参与意识有所提升，但古人所说的"绝知此事要躬行"的效果往往达不到。所谓实践出真知，实践更出素养，要将知识转化为素养，就要让学生参与实践、运用知识。而模拟政协活动正是培育高中生社会参与素养的一条重要路径，充分发挥模拟政协活动自身的功能价值，有利于社会参与素养中责任担当、实践创新两大能力，社会责任、国家认同、国际理解、参政意识及能力、日常生活、问题解决、适应挑战七大要素的培育。

1. 在实践中化知识为能力，增强公民意识，培育社会责任感

模拟政协活动是一个社会大课堂，是促进学生将知识转化为能力的重要载体，模拟政协活动是在基于社会参与素养，紧扣相关学科知识的基础上开展的。学生可在模拟政协活动的真实体验和教师积极的价值引领下，将所学知识充分运用，形成正确的认知，在活动中感悟、总结、生成、内化为自身的责任感。模拟政协活动是促进知行合一的根本途径，将思想政治课程与模拟政协活动充分结合，有利于培养学生的主体意识、责任意识，提高学生参与社会的积极性、主动性和创造性，培育学生的社会责任感。

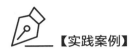

模拟政协舞台践行社会责任[1]

在"模拟政协提案"展示环节中，西安高新一中2020届学生赵竞川和团队的《关于助力老年人进一步融入智能生活的提案》，凭借扎实的调研和详实的建议引起评委和老师的关注。

赵竞川和团队在生活中发现，老年群体存在不会使用智能手机、ATM机等现象，不能很好地融入当今的智能生活，为此他们决定以"老年人进一步融入智能生活"为主题撰写提案。

赵竞川说："希望通过提案的提出，让更多老年人能跟上智能社会步伐，让他们享受到移动支付带来的便捷，好好享受晚年福祉。"

在撰写提案前，赵竞川和团队首先作了社会调查，向全国28个省份发放并收集了1102份调查问卷。调查结果显示，有82%的老年人拥有智能手机及其他智能产品，但86.7%的老年人表示对智能设备掌握不熟练，在使用智能设备时存在操作不便、误点误触和安全风险等问题。此外，他们还了解到，一些老年人存在"科技恐惧"等心理问题，智能产品也存在老年人适应性与针对性缺失问题。

根据调查发现的问题，赵竞川和团队在提案中提出政府应制定保障老年人智能生活的法律法规，使老年人智能生活创建有法可依；央视等媒体应加强相关领域宣传；公安部门应加强监管，净化网络环境，为老年人提供安全网络空间；应建立并完善"智能服务型社会组织"管理机制等建议。

通过模拟政协界别小组讨论和提案展示，赵竞川获得了"最佳模拟政协委员"的称号，团队《关于助力老年人进一步融入智能生活的提案》被

---

1 原登荣. 模拟政协舞台践行社会责任——陕西省第三届青少年模拟政协活动小记［N/OL］. 各界导报，2019－07－09（1）［2019－12－14］. http://paper. gjnews. cn/gjdb/20190709/html/content_36642. htm.

评为"最佳提案奖"。赵竞川说:"作为中学生,我们模拟政协提案参政议政,不是为了获得名次和荣誉,而是希望通过我们的努力,让更多中学生关注社会、关注国家发展,同时希望我们的呼声能得到有关部门的支持与帮助。"

赵竞川表示,虽然马上要步入紧张的高三学习阶段,但自己在认真学习文化课知识之余,还是要花些时间关心国家事,努力做一个"完整的人"。"我作为一个小公民,能参与到政治生活中,实现自己的责任与担当,对我以后的人生道路有很大帮助。"

从这个案例中我们可以清晰地把握几个关键词语,如"参加实践""关注社会""责任与担当""关注国家发展",寥寥几个词语充分体现出模拟政协活动对于在实践中化知识为能力,增强公民意识,培育社会责任感的突出成效。

2. 在实践中澄清模糊思想,培育国家认同感,增强制度自信

学生在日常生活和学习中,不可避免地要受到来自家庭和社会各方面的影响,其中某些不良思想会使学生产生模糊认识。要解决这些问题,教师可以把理论教育和解决学生现实思想认识问题结合起来,寓理论教育于生动活泼的模拟政协活动之中。学生在参与实践的过程中,在自身的体验中澄清模糊认识,分清主流和支流、全局和局部,认识人生的意义和自己肩负的历史使命,在树立为实现中华民族伟大复兴而不懈奋斗的远大理想的同时客观认识全球化趋势,提高思想政治觉悟,培育国家认同感,增强中国特色社会主义的制度自信。

 【实践案例】

参与模拟政协实践　增添青年家国情怀[1]

模拟政协带给我们青年人的首先是对中国社会民情、政治制度更深入的认识。青年人从身边的小事出发,撰写提案,在社会调研、实践的过

1　林婧妍. 参与模拟政协实践 增添青年家国情怀[J]. 北京观察,2017(5):17.

程中,对中国社会形成更加深入、准确的认识;同时,准备比赛中对政协知识的学习、比赛中模拟的政协氛围,无疑增加了青年人对政协制度的了解。

其次,模拟政协提案大赛可以在学生们中间形成一股正能量。在一月观摩政协的活动中,看着委员们在自己专业领域问题上异乎寻常的坚持态度、看着他们孜孜不倦解决问题的精神,家国情怀油然而生。这种家国情怀是政协的氛围带来的。而家国情怀同样可以在模拟政协的比赛中产生。在准备比赛的过程中,随着对中国国情的不断深入了解,青年人的爱国情怀、忧患意识更容易被激发;而随着对政协制度的不断认知,这种忧患意识和爱国情怀能形成一股理性的爱国力量。这样的正能量如果能在多个人身上累积,对社会来说,是巨大的财富。

最后,也同样重要的是,模拟政协比赛可以增加青年人对我国政治制度的认同感,培养青年人的制度自信。一项制度不可能一开始就十全十美,总有优势和瑕疵。如果没有深入了解和亲身体会,很容易受到一些误导,放大了瑕疵从而失去了对制度客观公正的评判。社会主义协商民主是中国社会主义民主政治的特有形式和独特优势,作为青年人,更是要担负起"头脑"和"嘴"两个角色,正确传播政协理念。而对政协制度形成直观的印象、进行深入的了解,通过模拟政协提案大赛亲身体会恐怕是最行之有效的一种方式。

"四个自信""四种意识"是我们在课堂教学一直提到的词语,在街道的宣传标语上也是常见。但到底哪里来的自信?如何体会这种自信?从参与模拟政协这个过程,从案例的表述中可以得到非常明确的答案!

3. 在实践中增强规则、程序和权利义务意识,培育参政意识与能力

社会参与的基本前提之一就是有序的参与,有序也即合法,这就启示我们在高中阶段就要重视与法治相关的模拟政协活动的开展。明确的规则意识,合理有序地调研,针对性地提交研究报告,在法律和规则的范围内开展模拟政协活动,感

悟社会主义法治国家带来的尊严,并养成良好的尊法、守法、用法、护法的行为习惯,这是模拟政协活动之必须。此外,在实践的具体操作中培养程序意识,通过合法渠道行使各项权利,树立规则意识,坚持法治理念,提高参政意识与能力,从而在潜移默化中习得为国家出力的有效做法。

 【案例】

全国青少年模拟政协活动提案规则[1]

第一条　提案是政协委员履行人民政协职能的一个重要方式,是坚持和完善中国共产党领导的多党合作和政治协商制度的一种重要载体,是协助党和国家机关实现决策民主化、科学化的一条重要渠道。《全国政协提案工作条例》规定:提案是政协委员向政协全体会议或者常务委员会会议提出的、经提案审查委员会或者提案委员会审查立案后,交承办单位办理的书面意见和建议。

第二条　提案是全国青少年模拟政协活动中最重要的一项内容。

政协优秀提案的条件有:

(一)提案围绕党和国家的大政方针,经济社会发展中的重要问题,国际国内重大问题以及社会普遍关心的问题建言献策;

(二)提案须一事一案、实事求是、条理清晰、表述准确,针对性强,有情况、有分析、有具体建议,具备严肃性、科学性、可行性或前瞻性;

(三)提案对决策有重要的参考价值,对改进提案涉及的工作有促进作用;

(四)提案在促进社会主义经济建设、政治建设、文化建设、社会建设、生态文明建设中取得较为明显的成效。

第三条　一份好的提案,除了要言简意赅地阐明要解决一个什么问题,为什么要解决这个问题外,还要提出解决问题的方法和途径,即提出

1　案例摘自《全国模拟政协组委会活动指导书(2019年版)》,未公开出版。

建议。提案的建议部分，是提案的要害，集中反映提案目的，也体现提案献计献策的水平。因此，应当在调查研究的基础上，写得明确具体，实事求是。如果建议写得不够明确，含含糊糊，或要求不够合理，或可行性差，必将使得承办单位难于办理，无法有针对性地做出答复，失去或降低提案的价值，难于收到预期的效果，也影响提案办理质量的提高。高质量的提案应具备"严肃性、科学性、可行性"，这是提高提案质量的努力方向。

第四条 提案写作的具体形式与内容上的主要要求有：

（一）提案应按人民政协统一制发的提案格式书写，统一样式、字体、字号等。

（二）一份完整的提案应包括以下几个方面：

案由——实际上是提案的题目，用简明的文字说明提案要求解决什么问题，案由和提案内容要一致。

提案者——提出提案的委员姓名。包括通讯地址、邮政编码、电话号码。联名提案时，发起人应当作为第一提案人，便于办理提案时交流情况。

提案内容——包括三大部分：

1. 案由起因，提出提案的理由、原因或根据。

2. 现状分析，简要分明、实事求是，有事实案例为依据。

3. 解决办法。具体的建议、方法和要求针对案由反映的问题，提出自己对解决问题的主张和办法。以上内容由提案者完成，缺一不可。

（三）一事一案，切忌一案多事。否则不仅问题讲不清，也无法确定承办单位。

（四）书写工具为钢笔、毛笔或打印，字迹端正清楚，并提交原件（也可是电子版，通过网上传输递交），不能用复印件代替，以便于存档。

第五条 全国青少年模拟政协活动中，提案所涉及的主要环节有：

（一）议题的选定。发现问题环节。

（二）对议题展开调查研究。分析问题环节。

（三）在广泛调研的基础上，就发现的问题，提出客观、可行的解决问题的系列办法，并写调研报告。字数建议控制在一万字以内。提出解决问题方案环节。

（四）根据调研报告，提炼出精要文字，形成 2000 字左右的提案文本。提案产生环节。

（五）根据活动开展与提案调研过程，撰写社团活动和提案调研过程总结报告。总结环节。

（六）根据调研过程，制作 3 分钟汇报视频。视频展示环节。

（七）根据调研报告，制作 12 分钟内陈述 PPT（含集体陈述口头文字）。汇报展示环节。

（八）根据调研报告和提案，进行 10 分钟答专家问。答辩环节。

（九）根据提案，提炼成 1000 字的大会发言稿，演讲环节。

（十）开展界别小组研讨会、新闻发布会、展示彩排演练、交流座谈等其他小活动，根据获得的有价值建议，进行提案的再修改和完善，修改完善环节。

（十一）分别参加班级、年级、学校、区县市省、全国等各级展示。综合展示环节。

（十二）提案提交省市两会乃至全国两会，专家交流、媒体见面等，发挥社会作用环节。

第六条　在第五条的各环节中，需要提交给组委会的材料有：

（一）议题调研报告 WORD 文本。

（二）正式提案 WORD 文本。

（三）提案形成全过程情况总结稿 WORD 版。

（四）3 分钟提案调研过程的综合汇报视频。

（五）12 分钟内集体陈述展示的定稿 PPT。

（六）大会发言（演讲）稿 WORD 版。

第七条　模拟政协活动中的提案所涉及的环节比较多,几乎贯穿了活动的全过程,每一个环节都有相应的规则和要求,需要提前熟悉了解,做好相应的各项准备。

第八条　在前期议题发现、取舍、确定,以及提案调研、写作等过程中,为保证活动的质量,切实培养更多学生多方面实践能力,除认真学习组委会相关推荐文件外,尤其是校内自主开展活动期间,学校应开设一些必要的知识讲座、技能培训、乃至开设特色课程等。建议校方邀请政协委员或相关专家来校辅导,并给予校内模拟政协活动经常性的专业指导。

第九条　各环节更多规则和要求,详见组委会相关文件,以组委会最新版文件为准。

全国模拟政协组委会为了使学生模拟政协活动更加科学、合理、规范而制定了较为详细的标准(规则),除此之外,还制定了规则,如模拟政协活动总规则、模拟政协学生主席团工作规则、模拟政协学生社团规则、模拟政协议题确立规则、全国青少年模拟政协活动提案规则、模拟政协提案调查研究规则、模拟政协活动提案集体陈述展示大会规则、模拟政协界别小组研讨会规则、模拟政协新闻发布会规则、模拟政协大会发言规则、模拟政协交流联谊活动规则、综合能力培养及社会实践基本规则等共12条规则。这种系统性的锻炼,对于提升学生在实践中增强规则、程序和权利义务意识,培育参政意识与能力有积极作用。

4. 在实践中观察社会、分析问题和辨别是非,培育实践创新能力

模拟政协活动的关键在于理论联系实际,学生在实践活动中,用学到的马克思主义基本观点去观察社会现象,并力求通过自己的独立思考来回答一些社会问题。学生通过参加模拟政协活动,在教师的启发引导下独立完成实践任务,在观察和调研社会的同时,发现问题,并运用马克思主义科学的世界观和方法论指导

实践、分析并解答问题,明辨是非,做出正确的价值判断和价值选择。模拟政协活动能较快地提高学生观察社会、分析问题、辨别是非的能力。模拟政协的参与者毕竟不是专业的政协委员,他们提出的解决方案可能是稚嫩的,但他们运用调查研究的方法寻求解决方案的过程,是对创造性思维最好的训练,有利于培育在日常生活中的实践创新能力。

 案例

提高上海公共厕所"人性化"水平的建议和措施

在讨论提高厕所人性化水平的措施的过程中,华东师大二附中的模拟政协小委员们充分运用了思维导图来解决相关问题。小委员们初始的问题只有一个,即如何提高目前公共厕所的人性化服务水平,但是大家集思广益,提出了若干不同的解决方式,而每一种方案又牵扯到不同的问题和具体的细节问题,这个时候大家出了一个主意,用思维导图的形式,把具体问题和大家的所思所想都发散出来,用思维导图形式呈现,最终形成了如图4-2的解决方案。

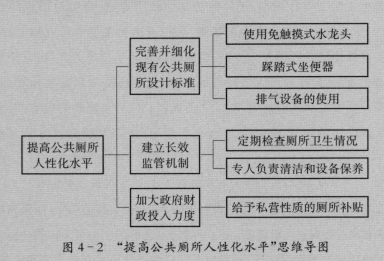

图4-2 "提高公共厕所人性化水平"思维导图

关于建立和完善高中生生涯规划教育体系的提案

在"关于建立和完善高中生生涯规划教育体系的提案"中，上海交通大学附属中学的小委员们针对"教育主管部门还没有编制高中生生涯规划教育大纲，没有开设生涯教师培训"的问题采访了高中一线教师。访谈中，一线教师指出现在学校开设生涯规划类课程，如同摸着石头过河，有一定难度。现已开展的生涯规划教育课程中，过程性评价机制有所欠缺，使用机械性的评价标准，难有应有的效果"等现状进行了充分研讨，创新性地从引进和评价两个方面提出了解决方案（见图4-3）。

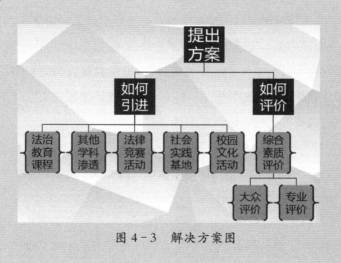

图4-3 解决方案图

华东师大二附中和上海交通大学附属中学的小委员们在实践中观察社会、分析问题和辨别是非，充分发挥发散思维、聚合思维、头脑风暴等创新思维方法，对出现的问题提出了有针对性的解决方案，切切实实地培育了自身的实践创新能力。

二、模拟政协活动培养学生社会参与素养的实践支撑

(一) 观察社会中提高参与认知

从一般意义上看，模拟政协的小委员们大都是从对学校内部的观察出发，观察学校各个方面有什么问题，思考观察到的问题如何与学校建设接轨、如何反映学生的呼声等。从校内的问题解决到校外的共性问题的发现，再到走出校园开展调研，解决共性的问题，这一系列的活动都是建立在参与认知的基础上，即按"我们发现的问题有没有意义？问题在哪？原因如何？可以解决吗？我能提出什么建议？"的顺序开展实践。通过这样一种社会观察，学生对相关问题进行理解与归纳，最终形成了对这个问题的理性认知，对于扩展社会参与起到积极作用。

例如，上海交通大学附属中学入选上海市高中生模拟政协优秀调研报告之一的《建立和完善高中生生涯规划教育体系的调研报告》，其中可以发现学生关注到新高考背景下高中对生涯教育关注度的提升，敏锐洞察该问题并实施调研，我们可以看到学生在模拟政协参与中逐步建立了自身作为学校重要主体的意识，对高中生及学校的发展有创新的感悟。

 【案例】《建立和完善高中生生涯规划教育体系的调研报告》

(一) 高中学生对生涯规划教育需求大

近年来，媒体上不乏"千元填报志愿咨询""万元职业规划"的新闻报道，一定程度上折射了高中生对生涯规划教育的需求。根据对大学生涯教师的访谈，可知大学中生涯规划类选修课十分抢手，这也一定程度上佐证了当下学生对生涯规划教育需求大。

问卷调研显示，93％的学生希望自己所在的学校开展生涯规划课程，77.4％的学生希望参与"一对一"的生涯辅导，学生对生涯规划课程

预期支出平均值为213元/节。绝大部分学生希望学校开设生涯规划教育，愿意参与"一对一"的生涯辅导，并愿意付出较多费用，这都反映了高中学生对生涯规划教育的需求。

（二）现有的生涯规划教育体系与高中学生日益增长的需求不成正比

首先，生涯规划教育体系覆盖面较小。目前，全国只有上海市印发了职业生涯教育行动计划（《上海市学生职业（生涯）发展教育"十二五"行动计划》），并启动了生涯规划教育，但抽样调查显示，在上海仍有20%的学校未开展生涯课程，且这类学校大多为普通高中。通过访谈研究，我们还得知，上海之外其他省市的学生几乎没有接受过生涯规划教育。地区、学校之间差距大，生涯规划教育体系覆盖面较小。

其次，现有学校生涯规划教育与学生期望不吻合。根据抽样调查可知，最受学生欢迎的生涯课程形式是校外参观实践和毕业生分享经验这两类形式，比例分别为17.22%与23.07%，但这两种形式开设程度与学生期望的差值分别为3.6%与17.1%，已开展的形式与学生需求对接不到位，难以引起学生兴趣。

（三）已有的生涯规划教育体系亟待完善

以上海为例，现行开设的生涯规划教育课程与美国等发达国家相比，有较大差距。

第一，专业化有待提高。在上海，教育主管部门还没有编制高中生生涯规划教育大纲，没有开设生涯教师培训。访谈中，一线教师指出现在学校开设生涯规划类课程，如同摸着石头过河，有一定难度。编制教育大纲和开设教师培训，有利于提升授课教师和课程本身的专业化程度，也可在一定程度上降低生涯教师设计课程方案的难度。通过文献，我们还得知，在美国，生涯规划教育有专业的团队专业化运作，在这方面，我国与之有差距。

第二,个性化有待提高。不同学生对生涯规划教育的需求不同,根据量化统计,学生对生涯规划教育预期方差为 14.06,标准差为 3.75,差异较大,在此情况下,显然不能按照同样的标准授课。调查显示学生对个性化教育的期待度高达到 77.4%。

第三,缺乏生涯教育成果过程性评价机制。现已开展的生涯规划教育课程中,过程性评价机制有所欠缺。受访专家表示,每个个体的生涯规划,都是不同的,使用机械性的评价标准,难有应有的效果。采用过程性的评价,能检验学生在接受生涯教育过程中参与情况与个性化的发展,既为后续辅导提供参考,也让学生和学校重视课程。

(四)生涯规划教育领域研究匮乏

从 2013 年 5 月至 2016 年 5 月这三年的时间内,在公开发表的国内期刊中,仅检索到 8 篇与高中生生涯规划教育有关的文章,持续性、跟踪性的研究更是为 0。这样的研究数量与学生 93% 的需求对比鲜明。这说明在这个领域的研究有待加强。

在关注学校的过程中延伸到对社会和国家的关注,认识自身的公民和国民身份,提高自身的社会责任感和国家认同感。例如,上海中学的学生关注到医疗民生领域的重难点问题,发现老龄化社会到来之际,医疗服务需求扩大,全国必然要面临社会卫生服务机构数量和质量都有所欠缺的问题,于是完成《上海家庭医生制度推广情况的调研报告》,力图找到优化的基层医疗卫生服务模式,保障全国每一个人的健康。由此看出,学生们的国民身份认同感强烈,在不断的发现问题的过程之中,也加强了自身对社会和国家的认识,强化了为社会和国家贡献力量的积极态度。

此外,我们还发现,通过参与认识,模拟政协小委员们不仅对国内的实际情况进行深刻感知,也不断尝试着感知国外的相关研究,进一步从横向对比角度来感知所关注社会问题的深刻性,进而提出解决问题的方案。如上海市复旦中学的学生在社会生活中发现停车难的社会问题,完成了《改善本市小区停车难现状的调研报告》,力图借鉴国外的方法运用立体停车位等新技术改善这些问题;上海交通大学附属中学的模拟政协小委员们借鉴外国的经验,提出了"关于借助互联网缓解超大城市拥堵的提案"等。

 【案例】 "关于借助互联网缓解超大城市拥堵的提案"

西方发达国家措施的借鉴

一、提案涉及的对策建议

信息平台、智能化的红绿灯、快处易赔和共享车道,在西方发达国家得到广泛运用,值得借鉴。

二、对策建议的具体文献依据

(一)信息平台

1. 信息平台传递信息

信息共享平台在国外广泛运用,尤其在超大型城市,更有资本搭建。佛罗里达州 iFlorida 系统,堪称典范。该系统集各类交通信息于一体,如:气象信息与预测、监控探头录像等。它于 2003 年初建,方便了政府管理、驾驶员优化路线选择,缓解拥堵。此外,确定信息内容、受众等对于平台有效性至关重要。因此,首先应将信息分类,其次要进一步筛选信息,保证信息高效传递。

2. 信息平台,市场调节

工程措施存在不足:提升道路性能,会释放潜在需求,再度导致供求失衡,恶性循环。为根本解决问题,控制过热需求,市场价格杠杆不可或缺,常见方式如:建立激励机制,鼓励公共交通;征收道路使用费,分散高峰时段车流。经由经济学模型严谨论证,适当征收道路使用费较补贴公共交通效用更明显,双管齐下是最优方案;对驾驶员而言,道路使用费远低于拥堵经济损失,有利无弊;针对节假日出行拥堵,设置收费站是最优方式。经济模型未为广泛使用 的原因,归结于民众抗拒收费。因此利用互联网思维弹性征收路费是充分利用这一机制的必要条件。此外,奖励机制可能成为一大亮点。因高峰时段的通行费可能引起民众不满。斯坦福大学研究者开发一款奖励 App,追踪用户出行路线、方式与时间,奖励避开高峰时段或是骑车出行的人。该 App 还开发邀请他人参与的功能,以扩大应用范围。

（二）智能信号灯系统

智能信号灯系统包含以下环节:摄像头传入交通状况,清点车流量、速度等,计算最佳信号时间。智能信号灯调节系统工作机理如图4-4所示。

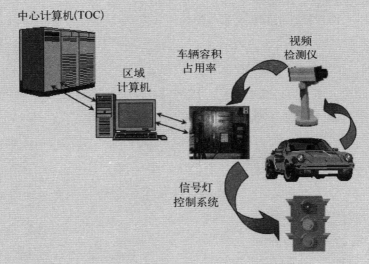

图 4-4　工作机理

此类系统已投入运行。如美国密执安州奥克兰县的"快速交通项目"(FAST-TRAC Project),以信号灯智能管理系统(SCATS系统)为核心,配以视频检测系统(AutoScope)路口监控与交通信息处理系统(TIMS)。经测算,该系统将各路口的拥堵时间减少7%—32%。

（三）完善与普及快处易赔机制

交通事故是引起拥堵的主要原因之一，国内外积极应对。如美国休斯顿安全处理项目（SAFEclear）：雇佣拖车公司全天巡查高速公路，结合监控快速处理事故；利用"共享信息＋共享拖车"缓解拥堵。针对事故导致的拥堵，上海已有解决方式：快处易赔，利用 App 简化事故处理流程，提高办事效率，减少占用时间。优化快处易赔机制关键在于获得市民信任，为此驾照考试中已加入相关试题，也可在交通广播中宣传，在交通相关部门与企业工会后勤处派发宣传手册。

（四）共享车道

我国特大城市潮汐现象频发，潮汐车道是不二之选。

"潮汐车道"指根据早晚交通不同流量，有条件开辟潮汐车道，通过车道灯的指示方向变化控制主干道车道行驶方向，提高车道使用效率。然可能偶尔出现逆行，反而加重拥堵。因此可使一揽子信息大平台充分发挥优势，不仅可传达道路信息，也能补充交通执法、打击逆行，优化车道共享。

（二）实践行动中加强参与体验

在聚焦社会问题的基础上，学生们针对问题进行实践调研。通过模拟政协活动，学生们懂得了要走到社会实践中去，针对感兴趣的问题去调研，对实际情况进行分析，再提出建议。这就锻炼了学生们的参政意识的能力。同时，通过活动，学生明白了发现和讨论社会问题的最终目的是要解决问题，想办法把问题分析清楚，提出自己的建议。模拟政协活动使学生更加深入了解社情民意，将所学理论与社会实践更好地结合。通过模拟政协活动，学生更有动力、更有积极性地走到了社会上，参与到各种调研活动中把理论和实践结合起来。

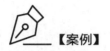
【案例】

模拟政协培育学生自信成长[1]

防霾治霾,是近几年社会舆论的热点、政府工作的重要议题,学生们对此也一直保持关注。"防霾治霾我能行"的主题出现在我校的假期作业中,100％的学生以科学报告、小发明、小制作、宣传画、诗歌、标语、建议等方式认真完成作业参与,热情出乎意料。就是这次假期作业,拉开了政协委员走进我校的序幕,上演了一出以"模拟政协"行动为主题,以政治、生物、化学学科教师为指导,"模拟政协"成员为主角的连续剧:北京市政协第十二届科技委员会主任、首都经济贸易大学教授申建军应邀对学生们的作业作指导点评,还开设了"参政议政模拟教学实验课",既引发学生们对防霾治霾的持续关注,也帮助学生认识到政协委员履职所必备的政治素养、专业知识和深入调查研究、科学分析总结的能力。此后,响应学生们的呼声,我们又邀请市政协委员、北京市气象局副局长王迎春来校,指导学生作"雾霾的成因分析"。再以后,因为学生们提出希望能在校园里持续开展跨学科的雾霾监测与研究,我们立即建起了"雾霾与细颗粒物环境气象观测研究站";针对雾霾来袭如何确保体育锻炼不间断的问题,师生们集思广益,合作创编了"室内健身操",而后还有健身操如何满足学生个性化需求的研究……随着京津冀治理大气污染工作的稳步推进,雾霾的话题也在我校持续至今,并且探究得越来越深入。

通过持续性的实践体验和社会参与,学生对政协运作机制和流程、政协委员的履职、提案的撰写都有了从不了解到熟悉的飞跃,无形中提高了学生的实践创新能力和参政意识与能力。

1　王蕾. 模拟政协培育学生自信成长[N/OL]. 中国教育报,2019－03－27(7)[2019－12－15]. http://paper.jyb.cn/zgjyb/html/2019－03/27/content_515323.htm? div＝－1.

（三）目标实现中内化参与行为

在提案调研过程中，无论是问题的发现，还是问题的调查和解决，没有一个环节是教师所提供的，所有内容都是学生在与社会的真切接触中不断摸索、反思、体悟而得到的。学生在不断的修正并提交提案中，积极与小组成员以及社会各职能部门的工作者就相关提案交流合作、协商洽谈，最终实现提案目标。这个过程深化了学生对社会参与知识的理解，促进其社会参与能力和素养集成。学校习得的知识与社会实践相对接，学生在参加社会公共生活和公共事务的实践中，不断寻找既有知识与社会需要的差距，从而实现了自身的知识系统和社会参与素养的内化。

 【案例】

北京师范大学亚太实验学习模拟政协学生感悟[1]

我十分喜欢这次学校组织的这次"模拟政协"。它让我体会到国家大事更应该是每一个公民的责任。作为一名来自七年级的小政协委员，在本次活动中，我学到了很多，同时也收获了很多。我认为，作为小公民的我们，应该积极主动地关注社会实事，对于社会的种种现象，我们应该多提出意见。

我们小组组员分工明确，主动地上网查找资料、相关实情，针对我们的主题"飞机餐饮"这个话题中的几大问题和热点，组员之间、组员与老师之间热烈讨论，交流了很多，我觉得从这一过程中，我们的综合能力得到提升，同时也充分地增长了我们对社会的见识见解。在学业紧张的初中学习中，能够展开这样一次活动，还是非常有意义和价值的。既可以培养学生关心社会、热爱祖国的公民意识，也可以培养学生的公民意识，同时，进一步培养学生的法制意识和社会意识，引导更多学生从课堂走向社会。

1　小校园，大政治 ——让"模拟政协"成为第二课堂［EB/OL］.（2018－07－03）［2019－12－16］. https://www.sohu.com/a/239143833_655156.

也许做提案并不是终极目的,而真正的目的在于能够让我们这些大多数不关注社会情况的初中生从中认识到关注社会是必要的,不光靠优异的成绩,也要有一定的综合能力。接触到各种各样的事,需要全面发展。

(于林泓)

垃圾分类似乎我们从小就一直听大人们讲,可实际做到的人却寥寥无几。对此现象,我们高一一班以垃圾分类为主题做了一次模拟政协的活动。

在准备的过程中,我们组员相互配合,相互磨炼演说技巧,定制有关垃圾分类的相关调查问卷,对于所调查的数据进行归纳整理总结,可以说是十分辛苦。

工夫不负有心人,在汇报当天,一切顺利进行,陈琳萱对在大街上、小区里的随意扔垃圾的现象以及其他地区在垃圾分类方面的杰出成果做了视频展示,赵天琪、杨墨司翰对于垃圾没有分类的原因做出了汇报,杨宇飞、谷秋池、冯炫淇则分别讲述了该如何解决目前这一现象提出了自己的见解。

当天,同学们准备充分,表达流利,每一个人的发现都戳中要点,着实令人赞叹。通过这次活动我意识到了垃圾分类的重要性,并且有意识的让身边的人也能做到垃圾分类,树立垃圾分类的观念。

(李卓然)

这一系列模拟政协活动的历练,让学生突破课堂、教材的局限,在真实而又生动的实践中锤炼社会责任感与使命感,进而升华为胸怀天下、心系国家的大爱、大德、大情怀,使思想政治课程的核心目标,即社会主义核心价值观的培育以及社会参与素养,得到落实。这也是学生确立坚定的理想信念,树立共产主义远大理想和中国特色社会主义共同理想,增强中国特色社会主义道路自信、理论自信、制度自信和文化自信的奠基礼与成人礼。

第五章
建构模拟政协自运行模式提升学生
社会参与素养

基于模拟政协活动的自运行模式,在社会参与方面探索归纳总结出社会话题的输入机制、模拟提案的形成机制、协商参与的交流机制、求同存异的判断机制等四个机制,这四个机制实现了学生模拟政协活动参与意识和参与能力的提升。自运行模式的建构和基于模拟政协活动的实践操作,提升了学生的社会参与素养。

本章通过对模拟政协活动体制机制的挖掘与探究,试图建构基于该活动的自运行模式,从目标、内容、活动、评价等四个方面对模拟政协自运行模式进行框架设计。基于模拟政协活动的自运行模式,在社会参与方面探索归纳总结出社会话题的输入机制、模拟提案的形成机制、协商参与的交流机制、求同存异的判断机制等四个机制,这四个机制实现了学生模拟政协活动参与意识和参与能力的提升。自运行模式的建构和基于模拟政协活动的实践操作,提升了学生的社会参与素养。

第一节　模拟政协活动自运行模式的构建

通过对模拟政协活动自运行模式,尤其是其自身的内涵与外延,进行分析解读,充分展现自运行模式的内涵与外延,进而架构起自运行模式的框架,为其提升学生的社会参与素养打下理论基础。

一、模拟政协自运行模式的内涵解读

自运行是现代企业管理的一种新理念,它主要是指通过设计巧妙的结构,在让员工追求自身利益目标的同时,一并实现企业目标,这种能够让员工自动自发运行的机制,被称为自运行机制。也有人表述,正是要充分发挥团队成员内心已有的驱动力,建立好游戏规则,让员工去玩,而玩的结果正是团队所预期的,这就是自运行的魅力所在。从企业角度来说就是解放老板,从团队来说,就是解放某个负责人。

这个机制或者说模式,给中学生模拟政协活动模式的构建提供了深刻的启发。毕竟教育学也有类似的观点,如心理学家格乔伊曾说:"明日的文盲不是不能阅读的人,而是没有学会怎样学习的人。"[1] 从教育角度看,的确是这样,只有学会

1　(美)托夫勒. 未来的冲击[M]. 秦麟征,等,译. 贵阳:贵州人民出版社,1985:428.

自主学习、自主管理,懂得自律自强,养成自觉自省的习惯,才能成为真正的人才,才能活出精彩的自我。借用"自运行"这个现代企业管理的概念,从模拟政协活动角度分析,自运行模式强调的是充分发挥模拟政协学生社团成员的主体作用,成员通过对社团的自我组织、管理、协同和约束,最终实现社会参与能力的自我提升。从这个角度看,模拟政协自运行模式有三个主要特征。

一是自我组织。社团的组建,社长的遴选,社员们的合力,提案的选题,调研活动的设计,提案撰写,现场展示,评委答辩等一系列的活动,都是在学生的自我管理下完成的。自我组织的内在意义在于模拟政协各成员之间不推诿扯皮,达到自我激励、自我约束和自我协调,为了实现共同的目标而努力向前的目的。以上海交通大学附属中学模拟政协社团为例,该校模拟政协学生社团由指导委员会、指导教师、社团社长和社团全体成员构成。社团指导委员会由一名学校领导担任,从校级层面为学生社团活动的开展保驾护航,社团指导委员会由多名任课教师和一名资深模拟政协社团社长组成。社团指导老师由指导委员会中一名高年资思想政治教师担任,负责社团活动指导和社团课程授课工作。社团社长一般由有一年以上模拟政协活动经验,对模拟政协的规则较为熟悉,社会参与意愿强烈且具备一定社会参与能力的学生担任。所有领导、指导教师、社长和成员都是社团自我组建的,然后在社长的统一设计下开展提案调研活动等。

二是自我管理。模拟政协社团内部的合理分工、各尽所能,是自我管理的重要体现。对中学生来说,调研和形成提案、报告、视频、PPT,不是一帆风顺的。以调研小组为例,一旦选定了相应的调研题目,就需要投入相应的精力。调研和参赛必然会贯穿学校教育教学全过程,不可避免地要与正常的教学考核,如各种考试、学习和作业,相重合。时间的紧张导致了成员必须有非常强的自我时间管控能力。调研时间紧张,联系的访谈对象往往是工作日才会接受访谈。在这种情况下,小组同学必须按其所长,合理分工协调,提高合理性。因此,文献组、问卷组、调研组、资料组、文字组和多媒体组,都需要在社长的协调下,各尽所能,发挥合力,提高工作效率和提案质量。

三是自我协同。自我协同指的是模拟政协成员自觉自愿地协助其他小组或成员开展工作,以期实现相应的目标。如上海市大同中学模拟政协社团就有一个典型的活动镜头。他们在活动记录中写到:"分工既要考虑到每个人任务量的大致平衡,也要注意结合小组成员的个人特长及资源。组长李同学除了协调小组整体运作、把控调研基本进度外,还承担相关政策查询、提案背景撰写工作,同时协助解决措施修改;刘同学和张同学负责采访稿设计、问卷设计及数据整理;沈同学负责访谈大纲制定、定向访谈、实地考察线路设计;张同学负责实地考察过程性材料收集整理及解决措施部分的撰写;彭同学负责问题原因分析、实地考察数据整理及活动记录工作。但是除了分工之外,几位同学之间经常就各自出现的困惑与其他同学展开讨论,其他同学都给予建设性的建议。"从这一段情节描述中,可以清晰地看出自我协同在模拟政协活动中的体现。

二、模拟政协自运行模式的框架设计

我们从模拟政协自运行机制的目标、内容、活动、评价等四个方面对模拟政协自运行模式进行框架设计,为后续深入推进打下良好的理论基础。

(一) 目标设计

1. 横向目标设计逻辑

活动目标的设计需要有内在的逻辑关系,在水平层面上要设计目标领域,在垂直层面上要设计目标层次,高中生模拟政协活动目标的设计也应如此。在社会参与素养培育的目标指向下,结合学校实践现有的经验进行反思,高中模拟政协活动目标领域应该兼顾学生社会参与素养的各个方面,涵盖责任担当素养和实践创新素养两大领域,社会责任、国家认同、国际理解、参政意识及能力、日常活动、问题解决、适应挑战等七大基本要素。此外,高中生模拟政协活动目标层次应随年级的增长而螺旋上升。就模拟政协活动目标的水平逻辑而言,它可划分为七个目标领域,每个目标领域都有其相应的目标内涵,如表 5 - 1 所示。

表 5-1　模拟政协自运行模式的横向目标设计表

目标领域	目标基本要素	目 标 内 涵
责任担当素养	社会责任	身为未来社会的公民,学生不仅要有公民的社会意识与责任、规则与法治意识,积极履行公民义务,理性行使公民权利,崇尚自由平等,能维护社会公平正义,更需具备相应的关键能力去适应社会和改变社会
	国家认同	具有强烈的国家意识和身份认同感,能自觉捍卫国家主权、尊严和利益,具有文化自信和制度自信,能传播弘扬中华优秀传统文化和中国特色的各种制度
	国际理解	具有全球意识和开放心态,能尊重世界多元文化的多样性和差异性,积极参与跨文化交流,关注人类面临的全球性挑战,理解人类命运共同体的内涵与价值
	参政意识及能力	学生有强烈的社会问题意识,有善于发现问题、选择问题、聚焦热点问题的能力,能主动展开社会调研,积极参与为政府建言献策
实践创新素养	日常活动	能够将所学的知识应用于实践,培养社会参与技能,能够从社会实践中培养适应社会变化的实践能力与创新意识
	问题解决	能够善于发现和提出问题,有解决问题的兴趣和热情;能依据特定情境和具体条件,选择制定合理的解决方案
	适应挑战	能够在变化社会中提升实践创新能力,实现自我价值与社会价值,促进每个学生个体和社会全体的全面而有个性的发展

2. 纵向目标设计逻辑

就目标的垂直逻辑而言,学校模拟政协活动目标的设计也需要体现动态发展、阶梯递进和个性层次。模拟政协活动是一种综合性的学生社会实践活动,它的开展要考虑到不同年级的学生发展水平,根据不同的学业发展水平进行相关的培养目标设定。

借鉴国际课程能力标准的水平递进的设计原则,考虑到不同年级学生发展的特殊性,我们从"参与认知""参与体验""参与行为"三个竖直层面来考虑目标设定。其中,对"参与认知"我们强调的是对于社会参与的基础知识的把握,它重点要解决的是基础性水平问题,包括社会认知和相关的积极态度;"参与体验"就是在参与认知的基础上开展相关的实践行为,将所学的学科知识和相关拓展知识合理地运用到真实的社会生活和问题情境中,并从中感悟到社会参与对于自身和社会的价值,包括责任意识和社会实践;而"参与行为"则是强调更加深入地开展相关的社会活动,在参与认知和参与体验的基础上做出合适的行为表现,这种行为表现体现了自己的社会参与活动进行理性抉择,它包括了实践行动和能力发展。从整体来说,中学生模拟政协活动自运行模式的纵向目标设计,参见图5-1。

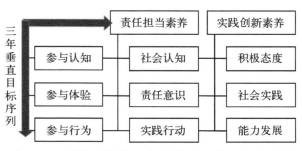

图5-1　模拟政协自运行模式的纵向目标设计图

　　如图5-1所示,高中生模拟政协活动的目标设计围绕"参与认知""参与体验""参与行为"三个维度来考虑,在垂直层面是随高中阶段三个年级的层次递进而螺旋上升的,年级段的活动目标与学生的身心发展规律、思想政治学科目标、学校培养方向紧密相连,年级段各有侧重,即高一重在以通识性教育的方式帮助学生在了解社会的基础上进行社会认知,包括政协知识与提案写作、调研方法与报告写作、演讲答辩与人际沟通、社会调查研究方法等;高二重在以实践体验的形式帮助学生了解社会,进行社会问题探索与社会参与能力强化,包括社会调研、参政议政、提案协商等;高三重在学生基于自我和社会的全面认知、理性分析、系统思考,以及个人进行社会实践后的经验储备和能力发展,进行自主的社会参与,形成社会生活中的理性思考和发现问题的能力,养成主动进行社会参与的积极态度以及较为稳定的促进社会发展的内在意识。

　　3. 纵横综合设计逻辑

　　具体而言,在社会责任板块,高一年级以认识社会为目标起点,在学校的学科知识学习中逐步提升政治常识的基础知识、社会发展基本知识和相关的法律常识等;高二我们则强调在参与体验中理解个人对社会责任;在高三阶段达到积极履行公民义务,理性行使公民权利,崇尚自由平等,能维护社会公平正义,更具备相应的关键能力去适应社会和创造改变社会的目标。

在国家认同板块,以认识国家为目标起点,在实践体验中加深学生对国家的理解,增强学生的国家意识、国民身份认同感,最终达到能自觉捍卫国家主权、尊严和利益,具有文化自信和制度自信,能传播弘扬中华优秀传统文化和中国特色的各种制度的目标。

在国际理解板块,以学生对常规国际关系和国际文化的理解为基本前提,尤其是结合学生所在学校有国际班的实际情况,在日常交流中让学生学会能尊重各国文化的多样性及存在的差异性。可以充分利用各种节假日开展跨文化交流活动,就一些大家所关注的共性问题展开交流,进而理解人类命运共同体的现实价值。

在参政意识及能力板块,高一年级以培养学生的社会问题意识为目标起点,在此基础上逐步发展善于发现问题、选择问题、聚焦热点问题的能力,最终能主动展开社会调研,积极参与为政府建言献策。

在日常活动板块,以巩固所学知识为基础目标,在此基础上灵活应用所学知识并养成社会参与技能,最终从社会实践中培养适应社会变化的实践能力,如文字表达、语言表达、言论影响力、角色转变能力、团队领导力等。

在问题解决板块,高一年级强调善于发现和提出问题,有解决问题的兴趣和热情,进而能依据特定情境和具体条件,选择制定合理的解决方案,最终养成良好的遇事心态、面对问题的态度、解决问题的能力。

在适应挑战板块,以处理社会事务为基础目标,进而强化变化社会的实践创新能力如遇事能力、研究实践能力、任务安排能力等,最终实现自我价值与社会价值,促进每个学生个体和社会全体的全面而有个性的发展。

在与目标领域相对应的每个一级目标下,对每个二级目标的三个层级(基础水平、发展水平、个性化水平)的内涵进行了说明,构建了更为详细的高中生模拟政协活动目标指标体系,如表5-2所示。

表 5-2　高中生模拟政协活动目标指标体系

目标领域	一级目标	二　级　目　标
责任担当素养	社会责任	B1：认识社会并习得社会参与基本知识 D1：掌握并提升社会意识与责任、规则与法治意识 I1：积极履行公民义务,理性行使公民权利,崇尚自由平等,形成自身维护社会公平正义的有效办法和路径
	国家认同	B2：认识国家并了解国家社会的政治、经济、文化特点及趋势 D2：在实践体验中加深对国家的理解,增强国家意识、国民身份认同感 I2：自觉捍卫国家主权、尊严和利益,具有文化自信和制度自信,能传播弘扬中华优秀传统文化和中国特色的各种制度
	国际理解	B3：对国际社会局势和发展趋势有全面认知 D3：学会尊重世界多元文化的多样性和差异性,积极参与跨文化交流 I3：自觉关注人类面临的全球性挑战,理解人类命运共同体的内涵与价值
	参政意识及能力	B4：了解社会问题的时代特性,养成社会问题意识 D4：发展善于发现问题、选择问题、聚焦热点问题的能力 I4：主动对感兴趣的社会问题展开调研,积极参与为政府建言献策
实践创新素养	日常活动	B5：巩固所学的社会参与知识 D5：灵活应用所学知识并养成社会参与技能 I5：在社会实践中培养适应社会变化的实践能力如文字表达、语言表达、言论影响力、角色转变能力、团队领导力等
	问题解决	B6：养成发现问题、解决问题的兴趣和热情 D6：发展依据特定情境和具体条件制定解决方案的能力 I6：形成良好的遇事心态、面对问题的态度、解决问题的能力
	适应挑战	B7：以良好心态面对和处理各项社会事务和疑难 D7：强化变化社会的实践创新能力如遇事能力、研究实践能力、任务安排能力等 I7：实现自我价值与社会价值,促进自身和社会全体的全面而有个性的发展

注：B1、D1、I1 分别代表第一个一级目标(如社会责任)中的基础水平、发展水平、个性化水平三个层次的目标,其他以此类推。

（二）内容设计

根据前述章节的论述,针对高中生模拟政协活动的目标逻辑及现有的问题,其内容设计应注意到:

第一,既要符合一般活动内容设计的基本原则,也应根据模拟政协活动本身的特性寻求自己的宗旨。比如,模拟政协活动的内容应与模拟政协活动的定位一致。高中生模拟政协活动的内容既要考虑高中阶段思想政治学科的培养目标和学生升学的要求,也要关注学生高中阶段学业规划以外其他的发展需求,尤其是学生社会参与的整体性需求。

第二,活动内容与活动目标的逻辑对应。模拟政协活动内容的选择与确定应该依据其两大领域七大板块的培养目标。每个培养目标下都设有相应的模拟政协活动内容与之对应,这样才能保证模拟政协活动内容设置的完整性与有效性,提升模拟政协活动内容与目标之间的逻辑统一性,避免了内容与目标相分离的形式主义问题。

第三,活动内容要依据主题设计来建构。考虑到高中生模拟政协活动内容的综合体验的特性,基于目标的主题式内容模块建构,既能确保整个活动内容体系的系统性与完整性,也能关注到社会参与的知识学习与实践探索的均衡,以及学科培养与模拟政协活动的均衡。

综上考虑,我们构建了如图5-2所示的由内向外发展的同心圆式的高中生模拟政协活动内容结构体系。

图5-2 高中生模拟政协活动内容设计模型图

这个模型将知识性学习与实践体验性学习融合在一起,同时各内容模块与能力目标模块形成了很好的对应,也使得模拟政协活动内容更具针对性。

活动内容模型图的中心聚焦了模拟政协活动的社会参与素养培养目标取向——责任担当素养和实践创新素养,靠近培养目标取向的第一个同心圆涵盖了高中生模拟政协活动涉及的七大基本能力要素——社会责任、国家认同、国际理解、参政意识及能力、日常活动、问题解决、适应挑战。靠近培养目标取向的第二个同心圆涵盖了高中生涯规划课程的三大内容模块,这三大内容模块与七大基本要素维度一对多相对应,分别是公民意识与身份认同、理论提升与合作协商、问题探索与社会调研,每一活动内容模块都有其内涵要求说明,如表5-3所示。

表5-3 高中生模拟政协活动的内容设计表

目标模块	内容模块	内　涵　要　求
社会责任	公民意识与身份认同	正确认识自己的公民角色和国民身份,具有文化自信和制度自信的同时拥有全球意识和开放心态,能在复杂变化的世界中快速适应并承担责任
国家认同		
国际理解		
参政意识及能力	理论提升与合作协商	奠基社会参与相关理论知识与技能,能主动展开社会调研,能多样化地表达自己并与他人进行合作交流,积极参与为政府建言献策
日常活动	问题探索与社会调研	具备自主积极的学习力、思维力与创新力,善于发现问题、选择问题,有聚焦热点问题的能力,发掘自己参与改变社会的潜能
问题解决		
适应挑战		

(三) 活动设计

为了确保模拟政协活动具体实施程序与活动目标、活动内容的一致性,基于前文的目标逻辑建构和内容模块建构,我们建构了高中生模拟政协活动的实施程序,见图5-3。

实施程序需要把握四个要点。

其一,建立模拟政协学生社团,进行理论学习,为后续活动打下坚实的基础。

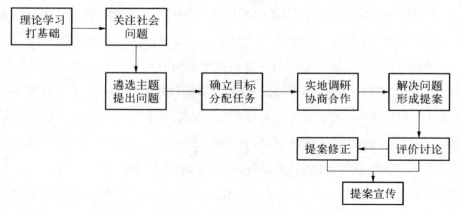

图 5 - 3　高中生模拟政协活动实施程序

模拟政协社团活动的开展以校本课程为依托,安排指导老师进行社团服务和指导,合理安排课时,解决高中生参与活动的时间问题。模拟政协活动是让学生通过模拟政协委员的及职行为,理解我国的政党制度,提高理解社会、参与社会能力的实践活动。政协委员的一项重要工作就是针对社会问题进行调研,向人民政协提交相关提案。活动初期最重要是打好理论基础,强化社会参与相关知识的学习、课题研究方法的习得以及批判性思维的训练。如有的学校的模拟政协社团就开设"政协知识与提案写作""调研方法与报告写作""演讲答辩与人际沟通""社会调查研究方法"等培训,提升成员社会参与的基本理论知识。

其二,在基础知识的学习后,就可以开始着手选题。确立提案选题,首先要引导学生反思生活,在生活中发现问题。成员按各自选题自主组成选题小组,基本按照全国模拟政协比赛的流程进行初步筛选。以上海市大同中学模拟政协学生社团为例,该校社团成员经组建了 5 支小队,各小组通过查阅资料初步确定选题方向,并开展为期两周的初步调研,参与社团选题征集答辩会。答辩会上,各小组需就选题缘由及背景、项目可行性、初步调查方案等内容进行介绍并接受评委提问。各小组在经历了初期调研后带来了五项提案,分别是"关于上海市城市文化场馆优化升级的提案""关于促进心理行业发展的提案""关于改善当代高中生心理健康问题的提案""关于进一步加强上海市垃圾分类实施的提案"以及"关于提升公交车司机安全保障问题的提案"。五项提案均突出问题导向,基于社会发展过程中的真问题、真困难而形成,具有较高的社会价值。最终,经过社团成员与指导教师的集体商讨,选定了"关于提升公交车司机安全保障问题的提案"作为本年度模拟政协社团重点发展提案。

其三,确定主题之后,按照调查内容和方式的不同,社团成员进行分组。目前看来,大部分模拟政协活动的开展有一定的共性,大致来说,社团分为问卷调查组、资料收集组、协调联系组、专家咨询组。问卷调查组主要根据调研的主题制定问卷,并进行较为科学的信度和效度验证,而后发放问卷进行数据分析与整理,为后续工作打好基础;资料收集组主要是根据调研主题,充分查阅各种文献和网络资料,做好分类整理,形成文献查新(有的形成较为规范的文献综述),为后续撰写调查报告和提案积累文字材料;协调联系组主要是根据调研的主题,联络可能涉及的政府部门、行业协会等,为后续的现场采访做好准备;专家咨询组主要是结合特定调研主题,邀请各高校的相关领域专家,政协委员、人大代表和本校教师等,对专业性问题进行采访与记录。如,2019年上海交通大学附属中学的模拟政协活动小组针对城市小区流浪猫狗的生存状态问题,进行合理的分组,小组成员各司其职,现场调研,并撰写调研报告初稿。问卷调查组通过数据分析和现场调研分析并归纳城市流浪猫狗的生存现状;协调联系组联系学校周边的社区、居委会进行了相关的咨询;然后专家咨询组专门前往动物保护者协会访谈,倾听他们的专业看法等。最后将各组的调研报告整理总结,形成"关于城市流浪猫狗保护的提案"。

第四,为了提升提案辐射力,将成果尽可能扩大化,有时候需要寻求各方支持。一般采用宣传单、互联网论坛、微信公众平台等介质进行宣传。如某校模拟政协委员代表教育界出席模拟政协会议的机会,提交优秀提案,并积极与其他学校就相关提案交流合作、协商洽谈,助力提案从模拟政协走入了真正的中国人民政治协商会议,最终有效扩大提案辐射力。

在2016年的全国模拟政协活动中,北京市学校模拟政协委员代表教育界出席模拟政协会议,提交了关于校园安全和校园暴力方面的提案。模拟委员自己尽管身处一所比较和谐安全的校园,但通过他们的调查研究,发现身边有相当一部分同龄人曾经受到过校园欺凌事件的困扰。他们觉得,作为代表教育界参政议政的委员,有责任将这个问题带到模拟政协大会并提出解决方案。巧合的是,当年参加全国模拟政协的其他学校,也有几份类似主题的提案。于是,各校的模拟委员们进行了协商洽谈,将不同学校不同侧重点的提案,进行有机整合后形成了一份"关于完善现有校园欺凌预防和处理体系的提案"的联名提案,并向组委会提交。最终,这份提案从模拟政协走入了真正的中国人民政治协商会议,经一些新闻媒体报道后,在社会上也引起了十分积极的影响。通过模拟提案的撰写和递交,学生亲身参与了我国民主政治制度的运转、感悟了国家和社会的发展情况,对我国的政治制度、法治状况有了更加深入的认识和认同,还在与各种人的交往中、在公共演讲和辩论中,增进了自己的理性表达的能力和公共参与意识。

(四)评价设计

对于模拟政协自运行模式的评价,我们主要从过程性评价、设计提案的评价、社会影响力的评价展开。

1. 模拟政协活动的过程性评价

过程性评价是对中学生社会参与整个过程进行评价中最重要的组成部分,没有过程,何谈结果,若过程存在原则性的错误,再光鲜亮丽的成果也只是金玉在外、败絮其中了。基于此,模拟政协活动设计了一系列针对过程性评价的工具和方式,主要包括:借助新媒体展示与投票、上传活动记录、上传日志等。

(1)新媒体展示与投票

新媒体,即在报刊、广播、电视等传统媒体以后发展起来的新的媒体形态,在此主要指微信、微博等。通过新媒体传播活动信息、开展活动评价,有着直观生动、覆盖面广、时效性快等显著的优点。新媒体在信息的大众普及方面做出了不可磨灭的贡献。但在中学生社会参与的评价领域仍旧面临着专业性、公平性、有效性等方面的挑战。

通过实践,我们认为不能把简单的网上展示与投票作为过程性评价的主要标准,而应在整体过程中设置更多的时间节点,通过自评、互评(包括不同团队之间的交流)、专业性评价等形式将该阶段的总体情况反馈得更为客观,通过评价去发现问题、引发思考进而解决问题。此外,我们也要逐步完善网上展示与投票的形式,使之更为简洁、客观与高效。从某种意义上说,还可以利用新媒体平台提高活动影响力,从而发挥模拟政协活动在鼓励中学生社会参与时的辐射作用。同时,借助新媒体平台进行宣传这一过程本身就是中学生通过网络平台参与社会的一种新形式,其难得的功能亦不可被忽视。

（2）活动记录和活动日志

活动记录和活动日志是模拟政协活动特有的记录性反馈工具之一,具有时效性、互动性等特点,是更倾向于自评和互评的评价模式。

表 5-4　模拟政协活动记录表

活动主题			活动日期		
指导教师		参加学生		活动地点	
活动目的					
活动过程					
发现问题					
主要收获					
自我评价					
其他记录					

首先,相比容易偏向于结果性评价的投票评价模式,基于活动记录进行评价在形式上创制了更多的时间节点,即强制性地安排了中学生对其社会参与的反思总结时间。但之所以称之为"形式上",是因为许多参赛学生只是草草了事,尚未

认识到其重要意义。这种心理使得自评的效果大打折扣,因为只有认真地书写日志,才能潜心总结出研究的成败得失,为重新起航做准备。

其次,这种评价模式带有明显的互动性。活动日志就好像博客,每支参赛队伍在发表自己日志的当天也会关注其他队伍的相关情况。情到深处的评价往往是最真实的,看到他人的研究成果,忍不住"挥毫"赠之若干评价,即使有时言辞激烈,亦为真性情的流露,很是难得。

做好这些板块的评价工作最重要之处即在于把该有的要求落到实处。一方面,要多通过思想宣传、理论传授等方式增强参赛选手对自评、互评重要性的理解;另一方面,也要不断创新记录型工具的呈现模式,如设置可用于集体回答的特定问题、提供日志记录方向等以避免天马行空或自作聪明的不符合要求的记录或日志出现。

(3)个性化反思性评价

这是从学科发展角度看待评价问题的,我们把思想政治课程按动态分成 A、B、C 三个层次,以政治常识课程为例,开展个性化的反思性评价设计。

A 班(基础班):总课时 40 学时,整体课程的 1/2 时间(20 学时)是普及学科基础知识,所有的学生都必须按照学校要求修此课。在普及基础知识的教学中,教学方式和方法应当灵活多样,结合启发式、讨论式、研究式等教学方法,研究分析社会热点、难点问题,用通俗易懂的语言、生动鲜活的案例、新颖活泼的形式活跃课堂教学气氛,启发学生思考。在 20 学时的教学活动中,任课教师要不断发现和选拔对政治常识课感兴趣的学生,一方面根据学生自愿报名的情况,另一方面根据学生的课堂表现、平时作业、测验成绩等,选拔出约占学生总数 1/8 的学生组成学科拓展班,继续深化对理论的学习,其余学生继续留在原班学习。学习结束后,学生按照教师的要求独立进行社会实践,提交实践报告。

B 班(拓展班):本班学生经选拔后,在另外 1/2 的时间(20 学时)中由学科优秀教师精心设计和组织教学活动,进行专题讲座,通过专题学习来了解政治学科的拓展性知识,如协商民主理论、程序民主理论、建构主义外交理论等。同时也可以聘请校内外知名的学者就学生普遍关心的社会热点、难点问题进行热点讲座。通过讲座引导学生运用马克思主义政治学基本原理来正确认识、科学分析社会问题与社会矛盾。学习结束后,通过学生的学习心得体会和自愿报名的原则,再选拔其中 1/2 的学生组成 C 班。

C 班(实践班):本班分成若干个社会实践小组,由不同教师带队,根据课堂教学内容要求准备实践调查,事先选择调研题目,提出调研要求和目标,有计划地组织学生去农村、工厂、街道(社区)、企业等地进行实地社会调查或参加志愿者服务和公益活动等,让他们在实践过程中去看、去问、去思考,知晓乡情、民情、国情、世情,理解党的路线、方针、政策,从而自觉拥护党的政策,确立正确的奋斗目标和价值取向,在丰富多彩的社会实践过程中学生自然会加深对马克思主义基本理论的理解和认识。最后,各调研小组完成调研日志和调研报告,在一定范围内召开成果展示大会,展示调研成果,进行学习交流。特色突出、有社会价值、在学生中引起共鸣的调研报告由指导教师帮助、建议、修改、推荐,争取公开发表到有影响力的媒体上。

2. 模拟政协设计提案的评价

提案是中学生参与模拟政协活动的阶段性成果和重要见证。现行的"最佳提案"评选模式,在性质上属于结果性评价,由于在评价时还需考虑到未来的不可定因素,故也是一种预测式评价。模拟政协活动在安排正式答辩的环节之前,往往会另行设置一场分会场讨论的会议,这既是对真实政协中分界别讨论的模拟,也是让中学生体验思维碰撞和灵感火花的绝佳途径,同龄人之间的相互讨论更能激活思维,催生新的想法。同时,在每个会场中也都配备有专业指导老师进行记录和点评,辅助性地帮助中学生理解提案、改善提案。我们认为,在分会场讨论中,有以下两点问题可以进一步设计:

① 为学生的讨论提供更多指引。同龄人之间的切磋固然重要,但中学生讨论涉及经济、政治、文化等国家大事时往往会出现理论知识不足和方向性偏差等问题。比如在讨论"应该加强中学生法治教育"这一提案时,学生容易纠结在"为什么只是中学生而不是小学生"等细节性问题而影响到对具体课程开展方式、考核评价方式等核心问题的讨论,进而无法实现对方案关键部分充分有效的互评。这就需要指导老师事前或事中给予一定的指引,如为每一个提案确立大致的讨论思路,事先准备相关的理论资料适时向同学介绍等。我们认为,这些指引并不会干

涉以学生为主体的讨论，而是使学生更能发挥主体作用，增加互评效率，提高互评质量。

② 指导教师适当增加点评次数。模拟政协活动的分会场讨论环节中，都配备专业的指导老师旁听，这不只是为了完成记录性评价，更重要的是在正式答辩之前就能够给予各团队一些专业性的指导意见。在某种程度上，大部分团队在答辩环节中接收到专业性评价的过程都是不完整的，因为除去少部分有机会进入到决赛的团队，其余团队对于提案的修改基本至答辩结束。评价的作用在于使之认识，更在于使之改善，没有改善的评价是没有结果的评价。从这个意义上讲，在分会场讨论的过程中提供给每一团队适当的专业性评价其实是完善中学生社会参与中方案评价的重要组成部分，在对每一提案讨论完毕后，可以邀请指导教师进行适当点评，这种点评往往也不只是基于方案本身的点评，对于同学之间讨论的方式、思路等都可以进行点评，以增加分会场讨论这一评价形式的整体功能。

3. 模拟政协活动社会影响力评价

模拟政协活动的一大亮点即在于虽为"模拟"，但优秀提案可以直接提交至真实的政协会议中去，为中学生社会参与创造了有利条件并树立良好榜样。我们认为，这是吸引中学生社会参与的可行形式，也是激发中学生公民意识，倡导其以主人翁的姿态参与社会管理的一大利器。在 2015 年的北京高考政治试卷中，有一道选择题以"首届全国青少年模拟政协比赛"为素材，考查高中生对我国政治协商制度的理解和认知。2016 年，中国中央电视台（CCTV）新闻频道《新闻周刊》《两会 1＋1》《朝闻天下》等节目多次报道了全国青少年模拟政协活动学生提案上全国两会的新闻，著名央视主持人白岩松亦对此进行了两次深度的解读。社会公众大多也对此表示关注。可见，开通"模拟政协"和"真实政协"之间的通道，给予中学生参与社会，甚至参政议政的机会，是全社会所共同希冀的。因此，这一社会影响力应该作为一种评价的指标进行补充与完善。中学生的社会参与，离不开社会的支持与认可。只有在一个舆论积极、导向正确的社会中才能真正发挥其作用。同时，社会舆论环境也是评价中学生社会参与的一种表现，犹如市场经济中的"价格信号"，其作用不应被忽视。因此，社会影响力评价作为重要指标,需要进行合理科学设计。

三、模拟政协自运行模式的案例呈现

上海交通大学附属中学模拟政协学生社团的运作方式充分体现了模拟政协活动自运行模式。我们摘录该学生社团的全流程记录,以展现自运行模式带来的实践成效。

【案例】

实现从社会参与意识到社会参与能力的飞跃
——上海交通大学附属中学模拟政协活动全纪录1

上海交通大学附属中学模拟政协学生社团活动包含学生团队成员招募、社团课程开展、学生实践进行、年度提案的调研与形成、提交全国展评活动等。

一、模拟政协社团的组成概况

模拟政协学生社团的组织架构由指导委员会、指导教师、社团社长和社团全体成员构成。

社团指导委员会由一名学校领导担任,从校级层面为学生社团活动的开展保驾护航。

社团指导委员会由多名任课教师和一名资深模拟政协社团社长组成。

社团指导老师由指导委员会中一名高年资思想政治教师担任,全面负责社团活动指导和社团课程授课工作。

社团社长一般有一年以上模拟政协活动经验,对模拟政协的规则较为熟悉,社会参与意愿强烈且具备一定社会参与能力。

---

1 资料来自上海交通大学附属中学模拟政协活动微信公众号,摘录日期为 2019 年 12 月 12 日。同时感谢姚宇奇同学的提供的材料。

社团全体成员主要通过当年9月学校社团招新大会集体招新遴选，同时以次年4月上海市时政大赛优胜选手为补充，学生团队初创时期，规模在8人左右，历经2年的发展，2017年交大附中模拟政协社团成员达16名。

模拟政协社团的目的与宗旨是实现中学生从社会参与意识到社会参与能力的飞跃，各项活动均围绕这一根主线开展。

二、模拟政协社团的板块构成

（一）团队人员招募——以社会参与意识为前置条件

2016年10月15日，上海交通大学附属中学模拟政协社团组建，团队在吸纳学生成员和遴选学生骨干的过程中，始终坚持一项核心原则，即参与者应当具备较高的社会参与意识。衡量社会参与意识主要考查学生是否在日常生活中能动地发现身边问题，关注身边社会问题，思考社会现象，并通过力所能及渠道尝试改变之。具体而言，衡量学生是否有社会参与意识的指标主要体现在以下方面：

法律意识与社会主义核心价值观意识。社会参与活动必须以法律为依据，符合社会主义核心价值观的要求，符合道德准则的约束。体现在学生社会参与意识而言，则是学生在日常生活中重视法制作用的发挥，在遇到困难的时候更愿意诉诸法律和规则渠道等。

社会问题的关注意识。包括是否对身边社会现象有所了解并对其原因、优化方案有所思考，以及对重大时事的关注。

参与意识和主人翁意识高低。社会参与的目的和最终归宿是为了社会的进步，途径是为解决公众关注的社会问题建言献策，为社会治理带来新的建议。

围绕社会参与意识，学生社团成员的选拔有以下方式：

◎《提案纸》作业考核

《提案纸》是一份提案的浓缩与精炼，涵盖了提案案由、社会现状、对策建议这三项正式提案中的必要环节。参与选拔的学生在《提案纸》样例的引导下，在 30 分钟内完成一份《提案纸》作业，围绕身边的社会问题"微献策"。团队负责人则见微知著，根据参选学生撰写的《提案纸》确定其是否具有社会参与意识、社会参与意愿和基本意识。

◎ 时政大赛参赛队中遴选

上海市中学生时政大赛是一项市级比赛，考核学生对过去一年的重大时政的掌握情况。在时政大赛中优胜的学生往往更具有社会参与的意愿，亦在社会关注中培养了一定的社会参与能力，在模拟政协活动中更能游刃有余地完成各项社会参与任务。案例的实践表明，通过时政大赛渠道选拔进入参赛队伍的同学，表现十分优异。

◎ 口耳相传，相互介绍，通过口碑定向吸收

由于社会参与意识是较难以量化的指标，在"学生圈"之间口耳相传的社会参与活动口碑便显得尤为重要。对于部分对社会参与抱有浓厚兴趣的学生，学生团队负责人将定向接触这类学生，将其吸收到模拟政协的队伍中，2017 年度社长就是通过这一方式吸收的，他所处的年级学生普遍认为该同学对于思想政治学科具有浓厚兴趣，并热衷于参与各类社会参与活动，是吸收加入模拟政协社团的很好选择。之后，社团指导老师和部分骨干成员与之联系，定向邀请他加入模拟政协社团和比赛团队，最终带领社团逐步走向规范。

（二）社团日常活动——社会参与能力基础

2016 年 10 月至 2017 年 4 月，社团课程呈现集中讲授型特征，每周社团活动课采用集中讲授和讨论的组织形式，为学生社会参与能力的形成打下基础。这部分课程的性质属于基础性知识，强调各种规则意识、法制意识、程序意识等，若过多采用学生自主讨论的形式则易适得其反。因此，牢固掌握社会参与基本知识将为学生社会参与能力的飞跃打下坚实的基础。学生社团授课形式包括以下四种：

指导教师授课。指导教师授课由社团指导委员会负责,社团指导委员会全体成员共同完成授课工作。指导教师授课主要围绕学生理解起来较为困难的,难以自主学习的"硬知识"开展。

社长引导下的讨论式学习。自主学习是模拟政协日常学习与技能提升的重要环节。社长引导下的讨论式学习重在社长的引导,这需要社长具有较高的社会参与能力并及时将自身掌握的社会参与能力传授给参与社团活动的全体社员。这种讨论式学习有双重优势,一方面对于社团成员来说,通过思考、讨论获得的知识,印象更为深刻;另一方面,对于社长而言,这种引导式讨论使社长在温习了社会参与重要技能的同时,也提升了传授自身知识的能力。

历届模拟政协优秀成员的"传帮带"。中学生社会参与活动的技巧与感悟,是指导教师无法传授给学生的,社团借助历届社长、社员返校看老师的机会,邀请其前去社团课程现场,与新社员分享提升中学生社会参与能力的路径、参与活动的感悟,特别是从社会参与活动中获得的技能在今后生活的运用。通过历届模拟政协参与者"传帮带",有助于为新模拟政协人带来有关中学生社会参与活动的直观感受,也能更好调动起他们投身社会参与活动的积极性与主观能动性。

观看视频慕课。2016年,上海市教委创办的慕课平台中就有有关模拟政协的6讲慕课栏目。除市级慕课外,学校也创办了自有网络课堂平台,并定期聘请教师在慕课平台上授课。此外,模拟政协组委会也制作了若干讲理论知识慕课,这些课程视频都是社团学习的重要资料。通过视频慕课提升学生社团成员社会参与能力具有双重优势,一方面,可以用较低成本获得较高质量、较为权威的课程;另一方面,视频易于保存且质量不会随时间推移而下降,有助于社团的传承。

上海交通大学附属中学模拟政协学生社团将上述四种课程形式安排数量比例约为3∶5∶1∶1。总体上形成以社长引导下的讨论式相互

学习为主,指导教师授课为辅,讲座、慕课为补充的课程体系。这一课程体系主要培养了学生社团成员的社会参与基本能力,包括:

◎ 人民政协历史与运作机制

◎ 提案工作的基本原则

◎ 中国特色社会主义制度体系下的政治参与原则

◎ 社会问题调查研究的基本方法

◎ 提案的格式、体例与提案撰写

◎ 提案选题与对策建议形成

◎ 文献检索和研究的方法

在这一阶段,学生团队成员更加系统而清晰地认识社会参与的实质,以及作为青年社会参与者的使命与任务。同时,通过开展以社长组织下的社团讨论学习,激发学生社团自我学习、自我提升的意识与能力,同时构建社会参与能力互助传递体系。

（三）社会参与模拟——社会参与能力提升

2017年4月至5月,社团开展了社会调查模拟训练,在此过程中,《提案纸》作业再次发挥功效。社团每一位成员可以选择继续深入挖掘上一年度9月进入社团时完成的《提案纸》(草表),也可选择围绕其他社会问题重新构建一份《提案纸》,以此完成更加真实而深刻的模拟社会参与过程。

与上一年刚加入社团时不同,社团成员的社会参与任务不仅限于完成提案纸,每一位社团成员还需要填写配套调研方案,配套调研方案主要包括提案现状、需要采取的调查研究方法、调研计划、如何取得相应调研资源等。此外,参加社团超过1年的社团成员还需要完成查新,每一位老社员对口帮助一名新社员,帮助他进行文献检索工作。

（四）社会参与实践——社会参与能力飞跃

在社会参与实践环节,社团活动贯彻全员参与调查研究的内设制度,将社团分为四大调查研究小组,让每一位同学都能参与到专业化的调查研究之中。

前文已述,通过社会参与模拟环节,该社团成员群策群力,贡献了若干值得深入思考和挖掘的有效社会问题。这些话题也成为了社团年度模拟提案的备选话题,它们包括:

① 借助互联网思维缓解超大城市拥堵

② 优化超大城市流动乞讨人群救助管理体系

③ 以国际化教育为依托提升高中生对外交往能力

④ 建立和完善旧书流动体系

⑤ 建立和推行营养教育体系

⑥ 优化和改善学校卫生室

⑦ 完善网购若干机制

⑧ 鼓励小微博物馆发展

社团成员提出的提案多是普遍存在的社会问题,有的问题与中学生息息相关,并与中学生社会调查和研究能力相适应;有的问题则因为调研资源有限或认识具有局限性无法成为社团调研的主题。最终,社团围绕可操作性原则,选出了三项备选提案,分别是上述话题中的①、⑤、⑥、⑦四个话题。一次中学生社会参与活动(模拟政协提案)的成功,不仅需要合理而现实的提案议题,更要求全体提案团队成员对调查研究报以较高的热情。若大部分社团成员对提案兴趣寥寥,再好的话题也无法得到有效的调查,难以转化为有效的提案。基于上述原因,调查研究的话题必须经过学生团队的民主推选。在社团指导委员会充分考虑备选话题可行性的基础上,社长组织社员进行投票,最终选择两个得票数量最高的话题,提交社团指导委员会审核并确定。

这一话题决策流程有以下优势:

能调动起社团大部分成员的积极性、主动性。学生面对教师指定话题性质的"命题作文"往往缺乏兴趣,敷衍了事。这一决策机制充分尊重学生自主权、选择权,两个备选话题的确定不是凭空产生的,也不是教师指派的,而是由学生民主推选出来的。学生票选的背后是对于这一社会话题的兴趣。浓厚的兴趣最终将转化为对调查研究的积极投入与高度热情,有利于一份成功的提案的形成,也有利于中学生社会参与能力的培养。

充分发挥指导团队引导作用,为中学生社会参与指明道路。尽管中学生社会参与活动需要发挥青少年的主动性,但由于其知识面尚有不足,由成年人特别是有专门技术的人为其指引道路,有助于社会参与活动事半功倍,避免走弯路,遇上不必要的麻烦。基于此,在该模式下,提案话题的最终确定由社团指导委员会决定。这一模式将尊重学生主动权与加强指导教师团队领导紧密结合,有利于学生社团科学选择话题,同时在话题确定后,提案团队被分为问卷组、文献组、访谈组三个调研小组和一个提案小组。四个小组分别由有模拟政协经验的高二学生负责,高一学生作为主要参与者。

问卷组以定量考核为亮点,着力提升问卷信度和效度。相比往年调研团队的工作,2017年该模拟政协社团设计的问卷包含大量需要受访者定量回答问题的环节,且问卷选项采用穷举式选项,有效提升问卷科学性。访谈组与问卷组密切配合,进行两个轮次的访谈。第一轮访谈为问卷的设计铺画蓝图,丰富选项,访谈的结果为问卷穷举选项打下坚实的基础。第二轮访谈是问卷调研的补充,有一部分问题在问卷调研中未能得出结论或是证据不够充分,需要访谈研究对此加以辅助。

文献研究组为本提案画龙点睛。在问卷调查和访谈研究中获取的数据往往局限于上海市范围内,而文献研究可以超越时空的限制,不出校门、国门,即可借鉴西方发达国家先进经验。比如,为提炼提案对策,文献组研究各国智能化交通系统,最终在基于对美国加利福尼亚州智能信息系统的论文中,获得了"建立一揽子信息化交通大平台"这一提案建议。值得一提的是,文献研究组积极吸纳青少年科技创新成果。在指导教师的介绍下,文献组吸纳了一名在上海市青少年科技创新大赛中取得一等奖的科创能手,他的课题正与道路交通智能系统相关。在他的帮助下,文献研究组将这份科创成果纳入提案当中,为模拟提案增加自主创新内容。

提案组由一名熟悉公文撰写规则和人民政协提案原则的学生带领。提案组是社团的中枢,调查研究的目的是为了提案形成,调查研究小组之间的协调也需要提案组来完成。在调查研究期,提案组布置调研目标,并在各具体调查组之间做好沟通交流工作。

(五)集中展示参评——社会参与能力评价

中学生社会参与能力的检验与评价,主要在青少年模拟政协活动集中展示环节进行。2017年,上海交通大学附属中学模拟政协学生社团参加了杨浦区、上海市、全国三级青少年模拟政协活动,广受好评。在三次参会经历中,学生团队拥有不同的收获:

在区级展示中查漏补缺,丰富完善提案和报告。"首届杨浦区青少年模拟政协活动"在2017年6月举办,以提案汇报和答辩为主。此时尚处于集中展示筹备初期,所提交的提案会出现一些漏洞。这部分漏洞在自我完善中难以被发现,在区展示中,这些问题被评委指出。提案小组成员认真记录这些问题,并修改提案和调查报告,提高了提案的科学性、针对性和可行性。

在市级比赛中实现八强卫冕,树立一面旗帜一根标杆。2017年"第三届上海市青少年模拟政协活动"在交通大学附属中学嘉定分校举办,作为东道主学校队伍,不仅需要参加会议的各项议程,展现社会参与成果,还需要配合组委会、志愿者团队,为活动顺利举办做好保障工作。

在展示汇报过程中,学生团队成员抓住"让与会各方理解提案要旨"

这一牛鼻子,采用新闻发布会展示形式,在一问一答的过程中,突出强调提案关键点、创新点和难点,给观众留下深刻的印象。值得一提的是,交大附中模拟政协社团在这个过程中相互学习,积累了丰富经验。

(六)社长遴选与培养——社会参与能力传承

前文已述,模拟政协社团社长是社团活动的组织者,是社团讨论的引导者,也是中学生社会参与实践团队的主要参与者,对于社团凝聚、活动开展发挥了不可替代的作用,社长能力的高低直接决定了社团活动的质量与中学生社会参与团队活动的成败。社团社长还需要在全国集中展评活动中进入学生主席团,组织开展各项子活动。每一位社团成员参与社团活动的时间只有 2 年,社长任期仅 1 年,这就意味着社长的培养必须渗透在社团活动开展的过程中。

1. 社长的培养

模拟政协社团社长的遴选和培养具有 3 个阶段,分别是遴选阶段、理论培养阶段和实践培养阶段。在第一年 9 月到第二年 3 月的活动过程中,社团指导委员会全面观察和分析社团各成员各方面能力表现与技能特长,并在第二年 3 月形成社长团队人选初步意向。

2. 见习社长助理制度

为实现社团的延续性发展,2017 年交通大学附属中学模拟政协社团开始实施见习社长助理制度。

见习社长助理制度的核心是让高一年级社员走上社团管理职位,体验社团中讨论的组织和课程的举办,体验社团事务处理,真正了解社团负责人工作。每一位见习社长助理的任期为 45 天,在任期内至少组织一次社团课程。值得一提的是,为了鼓励见习社长助理积极创新,为社团带来新鲜血液,在其任期内,社长基本不对其具体措施进行干预。

事实证明,见习社长助理制度具有双重优势。一方面,有助于社团传承。经过实践检验,经过见习社长助理制度锻炼的学生干部,在担任社团正式负责人后,更能得心应手处理工作,对于社团活动组织和事务处理更为成熟可靠。另一方面,见习社长助理制度锻炼了更多社团成员的社会参与管理能力。社长只能有一名,但是见习社长助理可以有2—4名,这让更多同学走上社团管理的岗位,锻炼了综合组织协调能力。

3. 教练员制度

模拟政协社团社长职责范围广,任务重,如果仅让一名高二同学担当全部任务,他会受到精力和能力的双重挑战。为缓解社长过重职责,发挥高年级社员的积极作用,交大附中模拟政协社团推行教练员制度。社团根据任务情况,将教练员分为主席团教练员、调查研究教练员、提案教练员和课程教练员,每位教练员各负责一个重要板块。教练员的职责是协助社长,完成相应部分的社团课授课和中学生社会参与能力培养。

实践证明,教练员制度有助于社团的传承。社员培训单独依靠社长的力量是不足的,各教练员贡献自己擅长的知识,带领全体社员共同学习。

第二节　基于自运行模式的社会参与机制

基于模拟政协活动的自运行模式,社会参与方面也形成了社会话题的输入机制、模拟提案的形成机制、协商参与的交流机制、求同存异的判断机制等四个机制,通过这四个机制实现了学生模拟政协活动参与意识和参与能力的提升。

一、社会话题的输入机制

串起模拟政协活动的一根主线是围绕社会热点问题做出的调研和基于调研提出的提案。根据中国人民政治协商会议全国委员会提案工作条例的规定,"提案应当坚持严肃性、科学性、可行性,围绕党和国家大政方针、中心工作,社会主义经济建设、政治建设、文化建设、社会建设以及生态文明建设中的重要问题,人民群众普遍关心的问题建言献策;提案须一事一案,实事求是,简明扼要,做到有情况、有分析、有具体的建议"。一份提案从实际情况到问题分析再到具体建议,都应当围绕所涉及的社会话题,提案质量的高低与所选择的社会问题息息相关。从这个角度来看,模拟政协活动中,社会话题的输入机制十分重要。

以上海交通大学附属中学模拟政协活动的 2016 年和 2017 年话题输入为例,该模拟政协学生社团 2016 年、2017 年于暑假分别参加了上海、全国的青少年模拟政协活动,累计 4 场次,提出集体提案 2 份。围绕提案社会话题输入方式,进行了记录并分析。

(一) 2016 年社会话题输入:教师主导

2016 年 4 月,上海交通大学附属中学模拟政协学生社团指导老师认为,学生的社会科学创新成果转化为提案是一个重要措施,既能为提案提供充分、科学的调研基础,也能将创新成果提交到更高的舞台上,发挥更大的社会价值,一举两得。

　　基于此,在社团活动中指导老师提出了一些社会关注度较高的几个话题,分别是"关于开设中小学生性别教育课程的提案""关于建立和完善高中生生涯规划教育体系的提案"。前者为第三十一届上海市中学生科技创新大赛一等奖课题,后者为2015年教育部基础教育成果奖二等奖课题,两份提案均来自上海交通大学附属中学。在2016年度模拟政协活动中,上海交通大学附属中学模拟政协社团输入的社会话题虽然数量少,但是质量高,且已经具有很好的调研基础,对于当年年度高质量模拟提案的形成,作用显著。

　　但基于教师主导的社会话题输入机制也存在一定缺陷。因为在此过程中,主要负责工作的是指导教师,学生更多是被动地接受与应对,输入社会话题的主动权在指导教师手中,会减少学生对于社会问题的分析与关注,并未很好地符合模拟政协以学生为主体,培养学生综合社会参与能力的主旨。

(二) 2017 年社会话题输入:学生主体

　　"当一份提案的选题确定时,它已经完成了一半。"这是上海交通大学模拟政协社团社长姚宇奇同学的反思,2016年他在该校社团的提案未能被全国青少年模拟政协活动组委会所选中之后有感而发。通过对一年活动经验的整理与总结,模拟政协小组团队认为提案话题选择至关重要,于是从2017年1月起,社团开始在内部进行头脑风暴式的社会话题引入。

　　提出的社会话题有"完善中国语言文学教育""完善外语能力测评体系""建立中小学生商业教育""完善中小学卫生室建设"等。社团指导教师发现学生们的目光多着眼于校园生活,尤其是教育考试,思路受到一定限制。于是,指导老师建议社团同学在寒假中继续收集社会问题,目光要长远、视野要广泛。此轮的社会话题输入,与2016年的共同点是指导教师在其中均扮演了一定角色,都起到了引导的作用;不同之处在于,这一环节的"主角"俨然转变成了社团同学,指导教师仅仅就学生的选择做出了评价和建议,并指导学生继续通过更加广泛、更加深入、更加全面的社会观察来丰富社会话题的导入,而非直接包办。

　　2017年春季学期开学,社团再次围绕社会话题输入进行专题研讨活动,社团同学们结合自己的日常生活经验与寒假中进行的专门社会观察,带来了诸如"依托互联网治理超大城市拥堵""完善网购若干机制""鼓励和发展小微博物馆"等社会话题。经过指导教师的方向指点,社团社员选择的社会话题包含"衣食住行"各个角度,关注经济建设、社会建设、文化建设等多个方面。指导教师同时提供"中学生营养教育""中学生传统文化教育""中学教师心理关怀"等话题供同学们交流研讨。通过师生双向互动,2017 年模拟政协提案的社会话题输入已经完成。

(三)来自社会话题输入历程的启发

通过两年跟踪调查,我们发现对于以模拟政协为主要载体的中学生社会参与,社会话题导入的启发有以下三个方面:

第一,必须强调学生的主动参与。中学生社会参与的主体仍然是学生。社会问题的导入是进行模拟政协活动、落实社会参与的重要前提与基础。在这个过程中,要重视学生参与积极性、主动性的培养,要让学生透过自己的亲身实践、社会生活经验,导入一些"学生眼中的社会话题"。

第二,注重指导教师引导作用。指导教师在社会话题的导入过程中应当发挥好引导学生进行全面、深入的社会观察,导入社会话题的作用。根据我们对指导老师的访谈调研,发现在模拟政协活动话题输入这一阶段,学生们很多都是一无所知的、没有基础,这个时候就必须要充分发挥指导教师的主导作用。如上海交通大学附属中学模拟政协社团,先期社会话题征集过程中存在视野受限、深度有限等问题,经过指导教师的指引和建议,在假期中进行了专门的社会观察,获得了更为全面而广泛的社会话题。此外,指导教师可以通过提出具有范例性质的优质话题供学生参考,此举能让学生直观认识什么是值得关注的社会话题,且时常有举一反三之效。

第三,社会话题导入,宜多宜广。中学生发现的社会问题、导入的社会话题,确有部分存在广泛性和可操作性等方面的问题,确实会出现部分个案以及暂时无法具体操作的话题。但是,当导入的社会话题数量较多时,出现高质量社会问题的概率也就有所上升。如上海交通大学附属中学模拟政协社团 2017 年度"关于借助互联网思维缓解超大城市拥堵问题的提案"便来自于社团内部广泛征集之中,当时提供了 17 个话题,最终综合考虑才选中。

二、模拟提案的形成机制

模拟政协活动前期准备过程中,导入社会话题之后与提案选择确定之前,需要通过进一步的判断和缩小范围,逐步选择和最终确定所完成提案的案由。我们以 2016 年、2017 年上海交通大学附属中学模拟政协社团进行的议题选择与判断为例,进一步探讨模拟提案。

(一)初步合规核查

模拟政协活动的模拟提案应当遵循《中国人民政治协商会议全国委员会提案工作条例》(下简称《条例》)的规定。上海交通大学附属中学模拟政协在两年的议题形成过程中,对导入的社会话题进行判断与选择,对每一个社会话题进行了合规核查。合规核查发现事项是符合《条例》第十八条规定的不予立案的内容的,则不可选择此事项。《条例》第十八条规定的不予立案的情形摘录如下:

(一)涉及党和国家秘密的;

(二)国家明令禁止的;

(三)中共党员对党内有关组织、人事安排等方面有意见的;

(四)民主党派成员反映本组织内部问题的;

(五)进入民事、刑事、行政诉讼程序或者行政复议、仲裁程序,尚未结案的;

(六)属于学术研讨的;

(七)为本人或亲属解决个人问题的;

(八)宣传、推介具体作品、产品的;

(九)指名举报的;

(十)执纪执法机关正在审查的违纪违法问题;

(十一)内容空泛、没有具体建议的。

这个过程看似多余，但对参政议政规则性文本的阅读和实际话题的筛查与判断，能够切实提升模拟政协社团成员对规范性文件的理解领会能力，此过程能够有效提升中学生政治参与、社会参与的规范性，以及对现有政治参与规则的理解和认同。

（二）话题剖析与社会价值比较

上海交通大学附属中学模拟政协社团在 2017 年 4 月中旬的两次社团活动中，对每一个导入的社会话题进行了分析，分析结构如下：

1. 调研问题的梳理

根据头脑风暴所列举出的相关话题，指导教师和学生进行双向互动，就所列举的话题进行问题梳理，判断其价值、可行性、操作性等。目前看来，模拟政协活动的社会调查多为"假设—求证"式，提出相应的问题，设想存在的原因，然后进行针对性提出假设，思考求证。如同学们积极收集资料，并广泛发动身边的同学和老师，进行调研课题的挑选："社保统筹""噪音污染""视力保护""急救常识""微信传播"……每个题目都引起了大家的激烈讨论和相互说服，这个过程是思维碰撞的过程，更是议题判断的重要机制。

2. 确定调研的内容

确认议题的时候，需要分析清楚哪些板块需要进行调研，整个议题需要使用哪些调研方法。尤其要弄清楚这些调研对于中学生而言能否进行，所在社团、学校能否提供足够的资源进行调研。一旦进入议题选定期，社团成员主要以小组为单位开展实践活动。为避免学生在确定提案时出现选题范围过宽、研究可行性不强等问题，模拟政协小组尝试通过"选题答辩会"的方式审定题目和涉及的研究内容，各小组通过查阅资料初步确定选题方向，开展为期两周的初步调研，参与选题答辩。答辩会上，各小组需就选题缘由及背景、项目可行性、初步调查方案等内容进行介绍并接受"小评委们"的提问。答辩评委由社团负责人及指导教师担任。答辩通过的小组可以继续开展下一阶段的调查，未通过或需要修改的小组需完善后进行多轮次答辩，通过答辩才进入下一活动阶段。

3. 明晰的社会意义

议题的社会意义主要包含：该议题针对的社会话题受众如何，是涉及社会公众人群,还是部分群体,还是个别小群体?该议题缓解的社会问题是经济建设、政治建设、文化建设、社会建设、生态文明建设五位一体中的哪一方面?该议题所立足的社会问题是否有迫切解决之必要?有较为广泛的受众、致力于我国五位一体的现代化建设,是为社会解决迫在眉睫的问题的议题。上海交通大学附属中学模拟政协社团在 2017 年和 2018 年的议题初选环节中,正通过上述方法对议题的社会意义进行相关评估。

(三) 基于学生调研兴趣的初选

模拟政协社团学生调研意愿的高低,直接决定了议题调查研究过程能否顺利进行并获得应有的收效。因此,在议题选择上,应充分尊重社团内学生的调研意愿。但中学生对于社会问题的认识并没有达到较深的层次,学生的调研意愿亦不能成为议题判断与选择的唯一标准。基于此,上海交通大学附属中学模拟政协社团采用了如下的模式:

由社团学生票选愿意调研的议题,最终保留四个得票较高的备选社会话题,进入下一环节,由指导教师和活动分管校领导进行最终的确定。

2017 年度,社团学生投票选定的 4 个备选社会话题包含:

◎ 关于建立旧书流通体系的提案
◎ 关于校园卫生室改善的提案
◎ 关于鼓励小微博物馆发展的提案
◎ 关于依托互联网思维缓解特大城市交通拥堵的提案

(四) 基于教师专业知识的终选

以模拟政协为载体的中学生社会参与,因涉及的话题面较广,有的选题可能还有一定的敏感度,因此每个小分队都有指导教师的参与。团队深知议题的质量直接决定了提案的价值。所以,在议题确定过程中,基于学生自主提出的选题,指导教师的主导作用必须充分发挥,依托指导教师自己的专业知识和更加丰富的社会生活经验,对议题选择做出正确的引导。

如上海交通大学附属中学模拟政协社团指导教师在前述"关于建立旧书流通体系的提案""关于校园卫生室改善的提案""关于鼓励小微博物馆发展的提案""关于依托互联网思维缓解特大城市交通拥堵的提案"等 4 份议题中选择了"关于依托互联网思维缓解特大城市交通拥堵问题的提案"这一提案。在指导老师的启发下,学生确定了选择该话题的两个主要原因:一是交通拥堵是特大城市的通病,制约了超大城市的发展,降低了超大城市居民的生活满意度,确实是一个急需解决的社会话题;二是互联网思维具有创新意义,在这方面可以发挥中学生的创新精神和想象力,对于团队学生综合素质培养有一定意义。此外,调查研究的难度并不巨大,对于交通警察、道路交通参与者的问卷和访谈也较易完成。

话题的判断、选择与议题的形成,直接决定了中学生社会参与这份模拟政协提案的质量,这个环节必须发挥好学生的主人翁意识,发挥指导教师的主导作用,发挥学生自主性和兴趣导向,师生激发,合作协商,最终形成有意义的提案。

三、协商参与的交流机制

模拟政协活动中,涉及以对话和理解为核心的交流机制的环节,主要有备会期间的交流与辩证否定和参会期间的集中展示(尤其是 10 分钟答辩)、学生界别小组研讨会。这一机制在不同时期的不同环节都有具体的体现,是模拟政协活动核心与内涵的重要构成部分。

对话交流机制与后续的求同存异的判断机制有所不同,其侧重在信息的交流与传递。对话交流机制的主要内容是通过多种多样的对话方式,表达和传递提案的案由、现状、问题、措施、内涵等方面,让聆听者有兴趣接受这些信息并理解其主旨。以下将以各环节为例,对协商参与的交流机制进行具体的阐述。

(一) 备会期间的对话交流

备会期间的对话交流主要在模拟政协社团内部进行。以 2017 年度上海交通大学附属中学模拟政协社团为例。在调研环节,该社团分为 2 个问卷组、1 个访谈组和 1 个文献组,由社长统一调配。在调研过程中,为了实现各组共同收集现状、共同编制解决措施这个目的,各小组实现长效性的对话交流。如访谈研究组首先对道路交通参与者进行访谈,收集基本的拥堵信息,分类汇总为假设的依据、问卷问题的选项补充等,将获取的第一手信息传递给了问卷组和文献组,使后续工作进展有了方向。在备会期间的对话交流机制,实现了团队运转的有机合作,避免了重复性的劳动,提高了团队的互补性。

(二) 参会期间的对话交流

参会期间的对话交流,是模拟政协对话交流机制体现的重头戏。因为集中活动是提案展示、提案内涵传递的最好契机。

1. 展示与答辩

在模拟政协活动集中展示环节,每支队伍有 25 分钟的时间分别进行视频、展示与答辩。本板块的对话交流,主要是参会学生与由政协委员、国家机关工作人员、研究人员、指导教师等构成的评审团队进行的对话交流。

在视频与汇报展示环节,学生团队需要通过 3 分钟视频清楚地介绍调研详情,在 12 分钟内以不同形式汇报提案的主干部分内容。展示的质量,如数据是否客观、准确、清晰,学生的语言表达优秀与否等,直接决定了学生团队是否能够进入闭幕式集中展示。模拟政协成员们在这方面全力以赴,制作的视频改编了城市拥堵的纪录片,令人耳目一新,引起了全场观众的兴趣。其展示形式在上海活动中模拟了新闻发布会,部分同学扮演新闻发言人,部分扮演记者,通过一问一答、自问自答的形式,以清晰的脉络、严谨的结构将受到普遍关注的拥堵问题传递给听众。在全国青少年模拟政协活动比赛中,该社团模拟了"副市长工作协调会",所有成员全部扮演官员,模拟了多部门就拥堵问题的商议,吸引眼球的同时,将提案的核心与关键以及执行过程中可能出现的问题传达给听众,让听众能够理解这一提案的提出与可能的运行。

在答辩环节,评审团队与学生一问一答的形式,专家评委基于专业知识的询问,给了学生思考的新角度,学生在答辩交流的过程中从另一个维度重新审视了提案的问题、建议的科学性与可行性。同时,评审团队也能通过学生的回答,获得在预先准备的展示中难以获得的信息。如在 2016 年青少年模拟政协活动中,上海交通大学附属中学模拟政协社团成员即兴为评审团队做了"生涯规划教育体系"的感性的、易于理解的介绍。2017 年活动答辩中,团队成员又就"共享街区"如何不影响街区居民生活做了即兴的、具体的阐述。

上述例证表明,通过展示中的信息传递,模拟政协活动锻炼了学生阐述、表达指定话题的能力。信息的传递、交流与沟通,是政治参与的必备技能,这一板块提升的核心素养,必将让学生在未来求学、工作中受益。

2. 界别小组研讨会

界别小组研讨会是学生扮演模拟政协委员,就与模拟界别符合的提案,进行讨论与协商,最真实地模拟政协委员进行政治协商。当自己所在学校提出的提案被讨论时,模拟委员需要做好释疑答惑、接受建议等工作。

严谨调研、深层次剖析问题。从参赛展示角度来说,若调研报告数据或文本分析不严谨、不深入,在此环节的交流中,很容易陷入"被围攻"的境地,答疑解惑就会陷入逻辑窘境。上海交通大学附属中学模拟政协社团 2016 年活动界别研讨答辩姚同学、周同学,2017 年活动答辩徐同学、何同学全程参与了调研。通过深入的调研、深层次的剖析问题,就能对所在界别的报告和提案有非常清晰的把握。其他的模拟委员提出的意见和问题大多在充分准备的意料之中,这样就能更好地、更全面地介绍提案。

仔细阅读、查阅资料,提前了解其他团队的提案。沟通交流是双方互动的行为,比赛过程中,如果想把自己的提案推上去,就要通过互动交流其他小组的情况,做到知己知彼。这样就需要小委员们认真熟悉、研读和学习其他团队的提案,查阅背景文献和相关资料。上海交通大学附属中学的模拟政协社团成员每次参加界别研讨会前,都会查阅资料并在团队内开会交流。

认真聆听、促进理解。模拟政协活动无论备会还是参会,无论是学生之间还是学生和评审团队之间,都有较多对话交流的机会。表达者对于提案的把控再好,没有一个好的倾听者,交流中的理解便不能达成。在其他小组发言时,认真准备相应的记录设备,安静沉稳地听取对方的介绍,获取对方的核心关键信息,这是增进理解对方的基本前提。

对话交流机制,促进了学生之间的理解,促进了学生和评审团队对提案认识的深化,这对于提案内容的完善具有较大的帮助。更重要的是,在使交流对象理解的沟通过程中,学生需要对表达内容具有较好的了解和把握,具有较为深入的认识,也更需要较强的交流能力、沟通能力、表达能力、对要点的把控力以及倾听的素养。让学生更加深入了解团队完成提案、更加细致阅读理解其他团队提案、更加清楚地介绍问题对策和传递自身观点,这一机制对于学生政治参与技能的提升有显著的作用。

四、求同存异的判断机制

人民政协是协商民主的重要渠道。人民政协围绕团结和民主两大主题,认真履行政治协商、民主监督、参政议政的职能,广泛联系社会各界人士,畅通反映社情民意,广开言路、广求良策、广谋善举,为巩固和发展团结民主、生动活泼、安定和谐的政治局面发挥着积极作用。在提案中提出的每一条建议都应当以与人民群众的联系和沟通为基础。只有充分了解人民群众面临的问题以及其对于初步意见的看法和建议,做出对应的判断,才能使建议具有现实针对性、切实可行性、全面推广性。由此可见,在模拟政协活动中,求同存异的判断机制十分重要。

上海交通大学附属中学模拟政协社团 2016 年至 2019 年连续四次参加了上海、全国的青少年模拟政协活动,派代表参加新闻发布会、界别研讨会共计 6 场。围绕求同存异的判断机制,进行了记录及分析。

(一) 新闻发布会中的判断过程

上海交通大学附属中学模拟政协社团多次组织社员针对提案适用范围、建议的可行性等展开充分的讨论。在完善提案的同时,社团成员的理解受到个人认识以及社会经验的限制,提案有较大的完善空间。由此,模拟政协社团成员也充分认识到了与来自不同地区和不同行业、拥有不同社会经历的人民群众进行交流的重要性,并对模拟新闻发布会更加重视。

新闻发布会中,上海交通大学附属中学模拟政协社团的部分社员围绕提案所提出的问题、针对问题所提出的解决机制，与其他高中模拟政协社团成员以提问与回答的形式进行交流。例如，2017 年 8 月，在全国模拟政协活动新闻发布会板块中，模拟政协社团社员何同学接受了很多提问，例如"此提案所要解决的是超大型城市交通拥堵问题，而在中国超大型城市只有七个，提案适用范围是否过于狭窄""'共享思维'的运用固然可以提高交通设施的使用效率，但是在此过程中公民的个人信息是否有泄漏的可能"等，何同学对这些问题进行了回答："超大型城市的交通拥堵问题比其他城市的交通拥堵问题更严重、更难处理。如果超大型城市的交通拥堵问题得到解决，其他城市的交通问题也就迎刃而解。"同时，对于第二个问题，何同学也表示这个问题非常重要，会在后期设计共享车位 App 等配套程序过程中对信息保护加以更多关注。由此可见，模拟新闻发布会寻求的显然不是完全的理解，而是在异见与己见之间寻求平衡点，接受有意义有价值的观点，求同存异的价值由此体现。

（二）界别研讨会中的判断过程

较之于模拟新闻发布会上对于较为宏观问题的交流，以界别研讨会为主要形式，分界别进行的讨论会显得更为专业、具体。上海交通大学附属中学模拟政协社团成员与其他高中学校模拟政协小委员们提出的具体措施深入交流看法。

例如，2017 年 8 月，在全国模拟政协活动界别研讨会科技分会场中，上海交通大学附属中学模拟政协社团成员关于潮汐车道、共享车位 App 的实行地区以及使用流程进行讨论。对于在提案中没有写明的潮汐车道，上海交通大学附属中学模拟政协社团成员经过和其他高中学校模拟政协社团成员的讨论，认为在市中心潮汐式拥堵常发地面路段以及早晚高峰设置潮汐车道较为可行高效。同时，社团成员也通过讨论、综合现有交通资源设置情况，基本排除了在高架上设置潮汐式车道的可行性。对于人民群众较为关切的信息安全问题，上海交通大学附属中学模拟政协社团结合前期讨论结果与讨论过程中其他中学生提出的建议，建议共享车位 App 仅公布车位信息，并在相应的小区设置配套门禁系统，从源头上严控信息泄露。

界别研讨会的目标并非通过激烈的辩论争辩孰是孰非。相比针锋相对的辩论,在讨论中提出更有建设性的意见和建议更有意义。提出建设性意见的大前提,就是认可了他人提案的主干,在具体问题上,有不同的观点,或是分歧。如果争论不休,问题不仅不会得到有效的解决,甚至有可能陷入拖沓的无底洞。协商民主制度最大优越性在于其能退一步,换取最大利益公约数,换取更多人的满足和更多利益的实现。要使模拟政协活动发挥好协商民主制度的优越性,社团成员就必须理解如何在沟通中以相同的观点促理解,以不同的观点促进步,能够在关键问题与原则性问题之外做出理解和让步,为共赢的局面打下基础。

模拟政协这种求同存异的判断机制,很能体现我国协商民主制度的优越性。1955年,周恩来总理在万隆会议上以"求同存异"概括了中国外交团队的参会精神和中国处理复杂国际关系的准则。找出共同点、保留不同点的协商过程能够汇集各行各业各团体的最大利益公约数。通过这一过程汇总的问题与建议,势必具有广泛的社会基础。在模拟政协活动界别小组研讨会中引入这一机制,将让学生通过亲身实践,对我国协商民主制度的精髓有更直观、更全面、更深入的认识。

求同存异的判断机制,有助于学生培养对不同观点的正确态度。通过模拟政协活动,学生习得了用求同存异的态度来面对来自不同方面的声音。从个体来看,学生掌握这一核心素养,将在未来发展中受益;从整个社会来看,当求同存异的观念深入人心,共性的、关乎共同利益的问题得到关注,在求同的过程中,得到更快、更好的解决。所以,求同存异的判断机制在模拟政协活动中对于培养学生政治参与能力、提升学生综合素养,有着积极促进作用。

第三节　提升社会参与素养的软硬件保障

进一步提升高中生社会参与素养不仅需要从理论上要进行澄清,从事实上进行论证,更需要提供一系列的保障条件,使得基于模拟政协活动自运行机制提升社会参与素养更加具备可行性。

一、完善模拟政协活动的服务体系

完善中学生模拟政协的服务体系,就是要求学校从思想上给予充分的重视,鼓励学生参与模拟政协活动,以提升学生的社会参与素养。

第一,要从校内角度给予模拟政协社团制度支持。学校要对学生处、团委等部门提出具体的要求,使其明确学生社会参与素养的重要意义和丰富内涵,充分认清学生社会参与素养对学生自身能力建设的提高以及对学校发展的推动作用,提供制度支持。具体来说,学校应当明确分工,即使是不设立专门的负责机构,也要有相关的负责人员。没有制度上的完善,就会导致没有积极的组织者。学校应当从学生公民培养角度,组织相关部门和人员进行统筹安排,分工协作,帮助统一组织,然后进行总结评价,使得责任落实到部门,再落实到个人。

第二,科学合理地规划设计课程以促进模拟政协活动的推进。从学生的长远发展来看,公民合理的政治参与、社会参与是绕不开的永恒话题,基于这样的思路,学校可以进行合适的制度安排和课程设计,为今后孩子的成长发展打下良好基础。当然,这个前提是因地制宜,不能一刀切。上海交通大学附属中学模拟政协活动就有一条非常成功的探索思路。该校模拟政协学生社团充分利用高一年级设有的课题式综合学习与实践,高三年级设有社会调查研究课的优势,将该课程与模拟政协活动进行了有机结合,把课堂内外、教学与实践进行了有机的整合,这样既满足了必修课程的教学需要,又满足了学生的自我发展需要。

第三,学校合理的评价导向。学校如果仅以升学率为导向,只以学科课程的考试成绩来评价社团、教师和学生,那么模拟政协活动的开展也会受限。作为学生社团,学校对模拟政协活动进行相对应的指导与考核很有必要,但这种评价与考核却没有非常明晰的标准。上海交通大学附属中学在这方面做了有益的探索,结合社团考核的基本要求,并把师生在模拟政协活动中的表现也作为评价的内容,尤其注重过程性评价,对积极组织活动、校外调研,积极参与各项社会活动,对社会有所帮助并受到好评的学生个人也给予奖励,使学校的评价风向标有利于模拟政协活动的深入开展。

二、形成常规的社会参与活动制度

作为学生实践活动,模拟政协活动与学科课程都是学校课程结构中不可缺少的要素。新课程改革中的综合实践活动与针对社会参与素养开展的模拟政协活动在功能上有异曲同工之效,它们之间有很多的相通之处,所以许多内容可以组合在一起。如将学科教学内容与研究性学习结合起来,研究性学习又可能与模拟政协活动结合起来开展,从而实现学科教学内容与模拟政协活动内容的功能连接,实现优势互补,在学以致用的同时,也提升了学生的社会参与素养。

以政治学科单元作业设计为例,我们就将课堂教学知识与学生模拟政协活动进行了有机整合。

 案例:"奋进!中国青年!"

青年是国家的未来,也是世界的未来。中国梦与世界梦息息相通,中华民族应该对人类社会作出更大贡献。新时代中国青年,要有家国情怀,也要有人类关怀,发扬中华文化崇尚的四海一家、天下为公精神,为实现中华民族伟大复兴而奋斗,为推动共建"一带一路"、推动构建人类命运共同体而努力。

青年朋友们！一代人有一代人的长征，一代人有一代人的担当。建成社会主义现代化强国，实现中华民族伟大复兴，是一场接力跑。我们有决心为青年跑出一个好成绩，也期待现在的青年一代将来跑出更好的成绩。衷心希望新时代中国青年积极拥抱新时代、奋进新时代，让青春在为祖国、为人民、为民族、为人类的奉献中焕发出更加绚丽的光彩！

（摘自《人民日报》2019年05月01日02版）

材料一："全国青少年模拟政协活动"（简称"模拟政协"）是一项全国青少年创新实践活动。这项活动以高中生为主体，其核心是通过模拟人民政协的提案形成过程，同时模拟和体验人民政协的组织形式、议事规则以了解和体会中国特色的民主协商政治制度，旨在培养青少年的"四个自信"（道路自信、理论自信、制度自信、文化自信），增强"四种意识"（社会主义制度意识、社会责任意识、实践意识和创新意识），培养和提高青少年的"四大素质能力"（发现问题能力、分析问题能力、解决问题能力以及合作交流能力）。

材料二：2017年3月5日下午，习近平总书记参加他所在的上海代表团审议时发言，希望上海的同志们继续按照当好全国改革开放排头兵、创新发展先行者的要求，在四个方面有"新作为"：在深化自由贸易试验区改革上有新作为，在推进科技创新中心建设上有新作为，在推进社会治理创新上有新作为，在全面从严治党上有新作为。

（来源：《人民日报》2017年3月6日第4版）

阅读上述材料，并完成下列任务。

操作指南：假如你是"模拟政协"小委员，请从"四个新作为"的视角，组队完成一份政协提案。

步骤一：选定界别

A. 共青团界　　　B. 教育界　　　C. 新闻出版界

D. 经济界　　　E. 其他

步骤二：拟定案由

请草拟本组拟定的提案案由、主题词1—2个，要求简明扼要，并形成文献综述。

步骤三：交流发言

小组代表就本组提案案由做交流发言，发言内容应包括选题原因、调研思路、建议依据等。

步骤四：开展社会调查并统计分析调查数据

小组成员分工开展有关提案的社会调查，可以综合采用多种调查方法，收集统计数据并分析，形成图表。

步骤五：形成提案

小组成员集体分工形成提案，并进行正式展示，要求制作提案PPT、提案形成过程的视频。展示时间12分钟，视频播放时间3分钟，全体团队成员均要参与展示。

类似于这种"学科＋社会参与"的制度性设计，可以继续深入探究发展下去。学生的社会参与是涉及校园内外、师生之间、课堂上下的一项复杂工作。因此应建立科学化的社会参与运行体系，合理统筹宣传动员、组织指导、总结交流、期望评价等一系列工作，将组织学生的社会参与活动建立成为一项长期的、贯穿全年的常态化工作，进而提升社会参与实效。

三、健全学生社会参与管理机制

建立健全学生社会参与管理机制的目的是要实现学生社会参与的广泛性与实效性的统一，应从以下四点加以把握。

首先，学校可以给予一定的物质经费支持，为社会参与活动的有效开展提供有力的物质保障。模拟政协活动进行社会调研所产生的交通费、印刷费以及展示过程中的材料制作费等,目前看来都是社团自行自主解决的居多,学校支持的部分极少。长此下去,尤其是大型调研项目所产生的费用可能超出学生的承担能力,从而不利于调研的深入开展。

其次,建立课堂教学与社会参与的对接机制。引导学生用丰富多彩的模拟政协活动对课堂知识进行体验性和实践性的检验,间接扩大课堂教学范围,拓展课堂教学空间,使学生深化知识理解,做到知行统一。目前上海市层面市级思想政治课公开课教学展示过程中,有模拟政协学生社团的学校,在政治教学过程中多次采用了模拟政协的活动形式,实现了课程活动化,活动的课程化,把课堂教学与社会参与有机结合,与课程标准紧密结合。

第三,建立学生社会参与的安全保障机制,加强对模拟政协社团的安全知识教育。在对社会问题进行调研的过程中,社团成员们往往要走出校门,走到街区,甚至郊区、农村等,有的调研项目还涉及水、电、铁路等。这样就会存在一定的安全隐患,很多学校顾忌外出的安全隐患,不支持组织学生外出,这样对于提升学生的社会参与素养来说就是因噎废食。但学校又不能放任不管,因而需要进行安全通识教育和引导,把安全隐患减少至最低,以保障社会参与、社会调研活动的顺利进行。

第四,制定学生社会参与效果评价标准。主要的评价指标应从三个方面建立衡量。一是评价学生社会参与的具体实践活动对社会产生的影响。当学生的社会参与活动对社会生活产生积极的影响,被社会所认可,就应该鼓励和提倡,反之就应该及时制止并正确引导。二是评价学生的社会参与活动能否对学校教育教学的改革起推动作用。学生的社会参与在很大程度上是对其所学知识以及学校教学情况的一种有效的检验方式。如果学生接受学校的系统教育后,在社会参与的实际检验中,能够客观总结、分析、评价自己的实际能力及满足社会生活需求的能力与学校教育教学的关系,并及时反馈给学校,那么这种社会参与就对学校的教育教学活动具有积极的价值。三是评价学生社会参与是否对学生本人的思想和行为产生积极的影响。模拟政协活动的现实意义就是通过参与社会生活的实际行动,完善自己的能力、提高自身的思想觉悟、规范自己的行为,从而能更好地服务社会。当然,高中三年相对于人的一生而言是很短暂的,高中阶段对学生社会参与素养培养的效果评价也是阶段性的,我们也应建立一定的学生未来发展跟踪评价机制。从这个意义上来说,相对于阶段评价而言,我们更应关注的是模拟政协活动对学生一生的影响,我们更期望的是用三年的时间去影响学生未来数十年的生命历程。

附录
调研问卷

上海交通大学附属中学生社会参与素养调查问卷

亲爱的同学：

　　您好！

　　非常感谢您能抽空参加这次调查！本调查的目的是想了解高中生的社会参与素养情况，以便设计提升该素养的路径。每个人在社会参与过程中会遇到多种情境；即使面对相同的情境也可能有不同的反应。所以，本调查没有标准答案。您可以放心地反映自己的真实情况。

　　为保障您的权益，所有的资料仅供学术研究之用，绝对保密，请放心回答。

　　敬祝

身体健康，心情愉快，万事如意！

上海交通大学附属中学课题研究组

2018 年 10 月

第一部分　基本信息

1. 您的性别：［单选题］*

A. 男　　　　　　　B. 女

2. 您所在的年级：［单选题］*

A. 高一年级　　　B. 高二年级　　　C. 高三年级

3. 您参与学生社团的情况：［多选题］*

A. 未参与　　　　B. 模拟政协　　　C. 模拟联合国

D. 模拟社区　　　E. 辩论社　　　　F. 其他_____

第二部分　责任担当调查（单选题部分）

（请选择每一题最合适的选项）

1. 在通过有交通信号灯的路口时，我会：［单选题］*

A. 按交通信号灯指示通行　　　　B. 以路上是否有车而决定是否通行

C. 不看信号灯,随着人流通过 D. 不看信号灯,自己想通过就通过

2. 在商店买到过期的牛奶,我会:［单选题］*

A. 自认倒霉,凑合着喝 B. 扔掉,重新买一瓶

C. 找超市退货 D. 找超市退货并投诉索赔

3. 在班级、学校的活动中,我往往是如何表现的?［单选题］*

A. 积极报名参加,即使选不上也帮助老师开展组织活动

B. 我内心比较想参加,但不会很主动地跟老师说

C. 老师选人的时候,尽量让老师看不见我

D. 这些事情从来与我无关,到了集会人多混乱时就找机会开溜

4. 如果我的好朋友或其他同学在做损害集体荣誉的事,我会怎么做?［单选题］*

A. 不管是陌生同学还是好朋友,我都会坚决地制止,想办法指正他的坏习惯

B. 如果是我的好朋友我会提醒并劝说他,陌生人我就没必要说了

C. 批评别人吃力不讨好,我做好自己才是最重要的

D. 这本来就不关我的事,我当作没看见这回事

5. 你愿意牺牲节假日当一名无报酬的义务志愿者吗?［单选题］*

A. 非常愿意 B. 愿意

C. 不愿意 D. 不考虑

6. 我认真学习考大学的目的是为了什么?［单选题］*

A. 为祖国和社会做贡献 B. 为了自己更好地生活

C. 为了完成父母的愿望 D. 暂时不明确

7. 如果以后我有机会出国留学,毕业之后我会:［单选题］*

A. 留在国外,向往国外的生活

B. 如果在国外找到工作,就不回国

C. 要回国,因为父母在国内

D. 要回国,因为要报效祖国

8. 是否认为自己有为祖国的更加和谐及美好做贡献的愿望?

A. 非常强烈,时刻准备着

B. 比较强烈,看到一些社会时事常常暗下决心

C. 不太强烈,需要我的时候再说

D. 没有这个想法,先提高自己

9. 先秦时期就有"和而不同""和合中庸""政通人和""天人合一""协和万邦"等丰富多彩、意蕴深远的_____理念。[单选题]*

A. 重和谐　　　　B. 重伦理　　　　C. 重民本　　　　D. 重爱国

10. 社会主义核心价值观的 24 个字是:[单选题]*

A. 民主、文明、和谐、正义、自由、平等、公正、法治、爱国、敬业、诚信、友善

B. 富强、民主、文明、和谐、友爱、平等、公正、法治、爱国、敬业、诚信、友善

C. 民主、文明、和谐、自由、平等、公正、法治、爱国、敬业、诚信、友善、公道

D. 富强、民主、文明、和谐、自由、平等、公正、法治、爱国、敬业、诚信、友善

11. 对于将二十四节气列入非物质文化遗产,我是这样看待的:[单选题]*

A. 中国传统文化具有很重要的价值,这样能够更好地传承保护

B. 中国传统文化有一定价值,但没有必要把其列入非物质文化遗产

C. 中国传统文化在当今社会的价值越来越小,需要这样的政策保障

D. 中国传统文化有一定价值,这样有利于传统文化的发展

12. 对于我国成功获得 2022 年冬奥会的举办权,我的感受是:[单选题]*

A. 为祖国感到非常自豪和欣慰　　　　B. 看到新闻很高兴

C. 有点高兴　　　　　　　　　　　　D. 无所谓

13. 我如何看待外来文化?[单选题]*

A. 吸收各种外来文化　　　　　　　　B. 取其精华去其糟粕

C. 坚决抵制　　　　　　　　　　　　D. 与我无关

14. 如果有中外文化交流实践活动,我愿意参加吗?[单选题]*

A. 非常愿意,一定参加　　　　　　　B. 时间允许就参加

C. 学习时间紧张,不太愿意参加　　　D. 没有必要,不愿意参加

15. "人类只有一个地球",我对全球化的基本态度是:[单选题]*

A. 全球化不可能实现,这只是西方国家霸权的借口

B. 全球化主要是经济全球化,国家主权仍不容侵犯

C. 全球化就是全球同化,需要提高警惕

D. 大家共处地球村,未来都是一家人

16. 我认为中华民族在全球化挑战背景下需要保持怎样的态度?〔单选题〕*

A. 国家利益和国家尊严永远在第一位

B. 越是全球化,越要保持民族传统

C. 相互依赖会更加重要,应减少一些民族意识

D. 强调合作共赢,同时保持民族传统

17. 日常学习和生活中,我会主动关心国家最新时事吗?〔单选题〕*

A. 非常关心,比如,我最近正关注到的新闻时事是_____(关键词)

B. 一般关心,偶尔会看看

C. 不主动关心,在老师或家长的要求下关心时事

D. 我不关心,国家时事与我无关

18. 如果我是一名人大会议选民,我会把神圣的一票投给:〔单选题〕*

A. 相熟的人、亲属   B. 有责任心并且德才兼备的人

C. 如果选他承诺给我好处的人   D. 无所谓,别人选谁我就选谁

19. 如果有关于当地政府发展的建议,我会:〔单选题〕*

A. 通过各种渠道积极向有关部门表达,比如_____(列举一个渠道)

B. 寻求老师或社会的帮助予以表达

C. 不知道以何种途径、方式表达

D. 与我无关,不表达

20. 第十三届全国人民代表大会第一次会议于 2018 年 3 月 5 日顺利举行,习主席进一步深化了中华民族共同奋斗的伟大精神,我的感受是:〔单选题〕*

A. 振奋人心,想为祖国贡献力量   B. 为祖国的制度感到自豪

C. 身在祖国感到幸福   D. 没有特别的感触

第三部分　实践创新调查

(请选择每一题最合适的选项或填入文字)

1. 请根据您的实际情况选择最符合的项:1 至 5 表示完全不符合至完全符合

（依次是完全不符合、基本不符合、有点符合、基本符合、完全符合，分别赋值为1、2、3、4、5）［矩阵量表题］*

	1	2	3	4	5
1. 我能用文字形式准确表达自己的看法和想法。					
2. 我善于组织语言，并能在公众场所语言流畅、条理清晰地表达自己的想法。					
3. 我的言论具有很强的感染力和影响力。					
4. 在不同的场合，我会很快适应不同角色的转变。					
5. 在各类活动或团队中经常被推选为领导者。					
6. 即使遇到大的困难和挫折，我都能保持良好的心态，并沉着稳重地应对。					
7. 在日常生活中我能善于观察现状并发现问题。					
8. 发现问题，我会想出多种解决方法，并将想法有效地付诸实践，使问题得以解决。					
9. 我对生活中出现的现象和问题能结合所学知识进行系统全面地分析。					
10. 我具有很强的举一反三的能力。					
11. 在对事物或问题的认识上，我能提出一些新看法、新见解。					
12. 在解决问题时，我能提出一些切实可行的新方案、新方法和解决措施。					
13. 在处理危机时我能保持冷静，并能够转危为安。					
14. 我善于安排时间以顺利完成各项任务。					
15. 我有很强的自学能力。					
16. 我主动参与过学校的研究课题。					
17. 我会将自己的一些想法转化成实践方案并实施。					
18. 我能分析清楚客观条件并对实践计划做出统筹安排。					
19. 我会根据实际情况灵活地调整实践任务计划。					
20. 我经常与别人合作完成复杂的实践任务。					

2. 共享单车作为一种绿色"慢行交通"方式,由于具有出行成本低、绿色环保、占用资源少等一系列的优点,迅速受到人们的青睐。但正如我们所见,共享单车在解决"最后一公里"问题的同时,也存在着诸如乱停乱放、管理混乱等问题。针对该问题,您将如何调研以找到解决方法?[论述题]*

后记

《社会参与素养的培育模型与干预机制》一书的写作并非一时兴起。

2016 年 9 月，中国学生发展核心素养研究成果在北京师范大学发布。该项目成果将中国学生发展的核心素养界定为"学生应具备的，能够适应终身发展和社会发展需要的必备品格和关键能力"，它以培养"全面发展的人"为核心，包括文化基础、自主发展、社会参与三个方面内容。

从事思想政治课教学二十余载的我，在中国学生核心素养发布后，就开始思考如何在思想政治学科教育教学活动中，把相关的核心素养进行更好地融入，也对过往工作中的一些想法和具体的做法进行了总结。我个人看来，文化基础和自主发展素养部分的内容，可以通过课堂教学的途径来实现，但社会参与并不是学生坐在教室里课堂上就能体验与感悟的。要想提升学生的社会参与素养，前提就是学生要走出传统的课堂，结合生活实际，关注并寻找社会问题，综合运用所学知识，进行调研，分析问题，提出解决方案，这一套流程如果形成相对固定的模式和制度性的安排，对于提升中学生社会参与素养一定能起到积极的推动作用。

2016 年，模拟政协活动在全国展开，我所在的学校——上海交通大学附属中学——作为上海市首批参与的学校，组织开展了相关活动并承办了首届上海市模拟政协活动。"近水楼台先得月"，我作为承办方的主要参与人员之一，全程经历了该活动。在三天的模拟政协活动集中展示过程中，我直接并强烈地感受到了上海市优秀高中学生对于社会问题的关注和为解决问题而投入的热情，他们的选题、调研、报告、提案等完全超乎我的想象，在提案展示、新闻发布、专家答辩等环节，"小委员们"的参与素养和能力令人赞叹。那时，我就在想，这不就是社会参与素养的真实体现吗！

此后，我就沿着这个思路，思考着可否以模拟政协活动为载体和突破口，将高中生社会参与素养的抽象指标在模拟政协活动中得到具体落实,通过模拟政协活动的逐步推进,总结分析出其在高中生社会参与素养提升方面所展现出的独特价值,这样既可以充实完善模拟政协活动的相关机制,也能为我们提升高中生社会参与素养提供切实可操作的途径与方法。

抱着试试看的态度,2016 年底,我和政治教研组的同事们商量着以"提升高中生社会参与素养的路径探究——以模拟政协活动为载体"为题,申报 2017 年度的上海市教育科学研究课题。幸运的是,申报的课题很快就被杨浦区推荐到上海市教育科学规划领导小组办公室,而后顺利获批。这对我来说是一个鼓励,也体现出我们的选题非常具有价值。当然,这对我们团队也是一个重大挑战,因为相关的前期研究并不多,可参照的也不多,我们只能边实践、边总结、边研究。我们的研究团队对这个研究课题非常投入,不到两年,课题团队在核心期刊发表学术论文 2 篇,围绕该课题开设上海市公开教学展示课 3 节,市级层面主题报告 1 次,取得了非常好的成效。

在总结报告的撰写过程中,团队成员们建议我把相关资料、研究成果、实践经验等进行系统整理,不仅仅是把它作为一个课题研究任务来完成,更应把它当作对自己 20 多年教育教学经历的一个重要总结。在专家、同事们的帮助下,我把研究成果进行了系统整理,形成了这本书。

高校思想政治教育工作的前辈,上海交通大学讲席教授、博士生导师,马克思主义理论研究中心执行主任,中央马克思主义理论研究和建设工程首席专家陈锡喜教授在我的日常教学工作中给予了我很多指导,也非常支持我的写作计划,在审阅了我的写作初稿后,欣然为本书作序。在本书的写作、修改和成稿过程中,还得到了上海市教科院杨四耕教授的倾力指导;上海市教委教研室高中政治教研员庄坚俍老师,上海交通大学附属中学黎冀湘老师、范凤美老师、程勇老师、常妮老师等为本书提供了丰富的实践案例。在资料收集和相关调研过程中,华东师范大学教育管理学系袁欣宇和孙启艳两位同学也给予了无私的帮助,华东师范大学出版社的编辑老师在出版前对本书进行了严谨的修改和审核。在此一并致谢! 在本书中还引用了国内部分高中学校模拟政协活动的案例,在此向各学校模拟政协活动的指导老师们和社团学生们致敬!

限于本人自身水平,书中难免会有相关理论理解不深、内容框架考虑不周、具体写作存在瑕疵等问题,恳请各位读者朋友批评指正!

胡杰

2020 年 3 月于上海交通大学附属中学

学校课程发展丛书

数学学科课程群	978 - 7 - 5675 - 9445 - 6	58.00	2019 年 8 月
科学学科课程群	978 - 7 - 5675 - 9593 - 4	34.00	2019 年 9 月
核心素养与课程设计	978 - 7 - 5675 - 9462 - 3	46.00	2019 年 9 月
语文学科课程群	978 - 7 - 5675 - 9441 - 8	56.00	2019 年 9 月
品牌培育与学校课程	978 - 7 - 5675 - 9372 - 5	39.00	2019 年 9 月
英语学科课程群	978 - 7 - 5675 - 9575 - 0	39.00	2019 年 10 月
体艺学科课程群	978 - 7 - 5675 - 9594 - 1	34.00	2019 年 10 月
跨学科课程的 20 个创意设计	978 - 7 - 5675 - 9576 - 7	34.00	2019 年 10 月
学校课程与文化变革	978 - 7 - 5675 - 9343 - 5	52.00	2019 年 10 月

品质课程实验研究丛书

学校课程框架的建构：HOME 课程的旨趣与架构

	978 - 7 - 5675 - 9167 - 7	36.00	2019 年 9 月

聚焦育人目标的课程设计：红棉花季课程的愿景与追求

	978 - 7 - 5675 - 9233 - 9	39.00	2019 年 10 月

核心素养导向的课程设计：花园式课程的文化与聚焦

	978 - 7 - 5675 - 9037 - 3	48.00	2019 年 10 月

学校课程文化的实践脉络：百步梯课程的逻辑与架构

	978 - 7 - 5675 - 9140 - 0	48.00	2019 年 11 月

学校课程发展策略：SMILE 课程的逻辑与深度

	978 - 7 - 5675 - 9302 - 2	46.00	2019 年 12 月

聚焦内涵发展的课程探究：芳香式课程的理念与实施

	978 - 7 - 5675 - 9509 - 5	48.00	2020 年 1 月

以儿童为中心的课程:欢乐谷课程的旨趣与维度

978 - 7 - 5675 - 9489 - 0　　45.00　　2020 年 1 月

学校课程深度变革丛书

进入学科深处的六个秘密　　978 - 7 - 5675 - 5810 - 6　　28.00　　2016 年 12 月
新美课程:演绎生命之诗　　978 - 7 - 5675 - 7552 - 3　　48.00　　2018 年 5 月
跨界学习:学校课程变革的新取向

978 - 7 - 5675 - 7612 - 4　　34.00　　2018 年 6 月
以学习为中心的课程实施　　978 - 7 - 5675 - 7817 - 3　　48.00　　2018 年 8 月
聚焦学习的课程评估:L - ADDER 课程评估工具与应用

978 - 7 - 5675 - 7919 - 4　　40.00　　2018 年 11 月
学科核心素养与学科课程群　　978 - 7 - 5675 - 8339 - 9　　48.00　　2019 年 1 月
大风车课程:童趣与想象　　978 - 7 - 5675 - 8674 - 1　　38.00　　2019 年 3 月
蒲公英课程：综合实践活动课程的校本创意与深度

978 - 7 - 5675 - 8673 - 4　　52.00　　2019 年 3 月
MY 课程:叩响儿童心灵　　978 - 7 - 5675 - 7974 - 3　　39.00　　2018 年 10 月
课程实施的 10 种模式　　978 - 7 - 5675 - 8328 - 3　　45.00　　2019 年 1 月
聚焦式课程变革:制度设计与深度推进

978 - 7 - 5675 - 8846 - 2　　36.00　　2019 年 4 月
以素养为核心的学科课程图谱　　978 - 7 - 5675 - 9041 - 0　　58.00　　2019 年 4 月
全经验课程:在地文化与实践演绎

978 - 7 - 5675 - 8957 - 5　　54.00　　2019 年 6 月

品质课程丛书

活跃的课程图景　　978 - 7 - 5675 - 6941 - 6　　42.00　　2017 年 11 月

课程情愫:学校课程发展的另类维度

978 - 7 - 5675 - 7014 - 6   42.00   2017 年 11 月

突破大杂烩:有逻辑的学校课程变革

978 - 7 - 5675 - 6998 - 0   52.00   2017 年 11 月

课程群:学习的深度聚焦   978 - 7 - 5675 - 6981 - 2   45.00   2017 年 11 月

嵌入式课程:特色课程的路径和方略

978 - 7 - 5675 - 6947 - 8   42.00   2017 年 11 月

特色学校聚焦丛书

每一个孩子都是一棵树   978 - 7 - 5675 - 6978 - 2   28.00   2018 年 1 月

教育不是一个人的事:"众教育"36 条

978 - 7 - 5675 - 7649 - 0   32.00   2018 年 8 月

不一样的生命,一样的精彩   978 - 7 - 5675 - 8675 - 8   34.00   2019 年 3 月

童味正醇:特色学校的文化图谱

978 - 7 - 5675 - 8944 - 5   39.00   2019 年 8 月

特色普通高中课程建设探索

978 - 7 - 5675 - 9574 - 3   34.00   2019 年 10 月

儿童是天生的探索者:360°科学启蒙教育

978 - 7 - 5675 - 9273 - 5   36.00   2020 年 2 月